A luz dos cristais para a cura e a meditação

Phillip William Burbutes

A luz dos cristais para a cura e a meditação

Tradução
CLÁUDIA GERPE DUARTE

EDITORA PENSAMENTO
São Paulo

Título do original:
Crystal Light for Healing and Meditation

Edição	Ano
1-2-3-4-5-6-7-8-9-10	93-94-95-96-97-98

Impresso em nossas oficinas gráficas.

DEDICATÓRIA

À Juventude de hoje e de amanhã com a esperança de que os cristais desempenhem um papel decisivo na estimulação do anseio mais íntimo da alma que denominamos Liberdade. Que eles possam servir bem a todos vocês assim como nos esforçamos para servir inteligentemente uns aos outros.

Sumário

Introdução

Os cristais têm o poder de nos revitalizar ou debilitar. Eles podem curar e também prejudicar. Eles podem nos ajudar ou ser um grande obstáculo no nosso caminho.

Os cristais são um ponto de tensão no tempo e no espaço que submete o éter a uma tensão tão grande, que as energias vitais superiores são capazes de fluir através deles. Eles são uma das mais importantes ferramentas que podemos usar hoje em dia para acelerar o processo da transmutação interior – transformando a personalidade num instrumento de serviço, de acordo com o desejo mais íntimo da Alma.

Os cristais se apresentam como eternos pilares de perfeição, marcando o estado de pureza e altruísmo que com o tempo todos precisamos alcançar, à medida que percorremos o caminho de volta para a realidade da Casa do Pai. Este livro foi preparado para ser útil nessa jornada e também para servir de conforto e alegria àqueles que estão em busca do Caminho da Vida superior. Se isso se tornar realidade, mesmo que seja apenas para uma única alma em busca da sabedoria superior, o autor terá uma justa e plena compensação por esta obra de amor. Que ela possa ajudá-los!

O Autor

O cristal esotérico

> "Temos no mundo mineral o Plano Divino oculto na geometria do cristal. Se pudéssemos realmente compreender a história de um cristal, ingressaríamos na Glória de Deus."
>
> – O Mestre Ascenso Djwhal Khul

O cristal, na verdade, assemelha-se bastante a uma espada de dois gumes no sentido de que, se for usado de uma maneira, transmite energia e revitaliza o corpo – o duplo etérico –, mas, se for usado de outra, exaure e debilita o corpo com a mesma rapidez. Tendo esse fato em mente, é importante reconhecer a importância de aprender a usar corretamente os cristais antes de se aproximar deles para usá-los em você mesmo e, especialmente, antes de usá-los em outra pessoa.

Os cristais são recursos extremamente eficientes, contendo muitos poderes e habilidades ocultos ainda pouco compreendidos. Não se iludam a esse respeito. O Reino Mineral já alcançou há muito tempo um estado de perfeição, enquanto que nós ainda temos muitos éons a percorrer no caminho do nosso desenvolvimento. Um número excessivo de pessoas interpretou levianamente os cristais por não ter sentido nada ou quase nada em seu primeiro contato com eles, tendo-os meramente descartado como objetos inofensivos e inócuos, quando, na verdade, isso está longe de ser verdade.

Por causa do uso incorreto e contínuo dos cristais, muitas pessoas estão passando por uma grande desvitalização e por muitas doenças, inclusive a ponto de radiações e agentes patogênicos (como a Cândida e até o vírus da AIDS) terem sido capazes de se consolidar e até mesmo de florescer. Esse fato é extremamente desastroso e totalmente evitável. E, se houvesse um entendimento correto do seu uso, esses agentes patogênicos teriam sido repelidos, evitados e, talvez, se já estivessem presentes no corpo de uma forma prejudicial, até mesmo dominados e eliminados.

Quase todos nós estamos familiarizados com termos como: aura; prana ou força vital, energia; e o duplo etérico (ou corpo de vitalidade). Assim sendo, quando eu os empregar, uma longa explicação não deverá fazer-se necessária. Sendo esse o caso, não haverá muita confusão quando eu afirmar que cada cristal tem a sua própria aura ou campo de força de irradiação vital, que se irradia em todas as direções a partir de uma estrutura física, e que esse fenômeno ocorre sobre linhas magnéticas de corrente muito bem definidas. Essa aura, ao contrário de como é em geral visualizada e encarada, é bastante ativa, movendo-se ao redor do cristal e a uma tremenda velocidade. E como qualquer criatura viva, o cristal, diferentemente das simples "rochas" (que não são animadas por "elementais" como acontece com os cristais), é "bipolar", ou seja, tem uma extremidade negativa ou "receptiva", e uma extremidade positiva ou "irradiante". Ao lado dessas duas polaridades precisa existir uma linha neutra na qual nenhuma das duas polaridades está presente.

Num certo sentido, essa zona neutra é totalmente relativa, movendo-se continuamente de uma posição para outra em virtude do aumento ou da diminuição da ação e da atividade dos dois campos de energia acima e abaixo dela. Se você conseguir imaginar esses dois campos como duas áreas com formato de rosca, separadas e flutuantes, uma situada sobre a outra, terá uma idéia bastante aproximada da aparência desses campos ao redor de um cristal. Mas é claro que com isso você ainda não sabe como fluem as energias e as forças dentro e ao redor do cristal, ou como elas interagem umas com as outras.

A par desses dois campos opostos de energia, existem dois pólos separados e distintos – um positivo e o outro negativo. A extremidade facetada ou pontiaguda de praticamente todos os cristais é negativa e a base, positiva. Isto é o que acontece quando o cristal está *em repouso* e *não* está sendo usado. A energia, então, está normalmente entrando pela ponta e saindo pela zona neutra. Ela também existe na base, subindo e dirigindo-se também para a zona neutra. As partículas que giram dentro desses dois campos têm tamanhos semelhantes; apenas suas polaridades, ou cargas, totais são opostas. Seus efeitos, quando empregados com objetivos diversos (como fazer um tratamento prévio nas sementes antes do plantio para aumentar a produção de 20% a 30%), também diferem. Esses efeitos são bastante semelhantes aos poderes e habilidades observados na atuação de um ímã, com seus respectivos pólos negativo e positivo.

Além desses dois campos de energia que giram dentro, através e em volta do cristal (na direção vertical), temos também a dimensão

A POLARIDADE DE UM CRISTAL EM REPOUSO

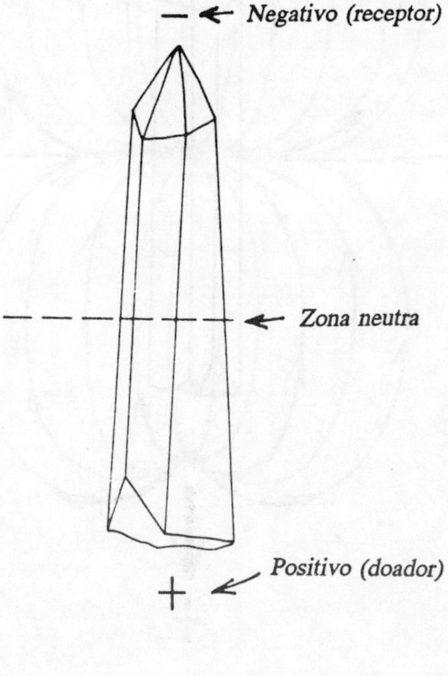

adicional do movimento que ocorre no plano horizontal com o campo superior deslocando-se na direção oposta ao inferior. A direção de rotação é na verdade determinada, nesse caso, pelo fato de o cristal ser "destro" ou "canhoto", o que se pode identificar examinando-se cada cristal, pois alguns serão de um jeito e outros de outro. Para efetivamente definir essa característica, é preciso examinar as facetas

CRISTAL EM REPOUSO

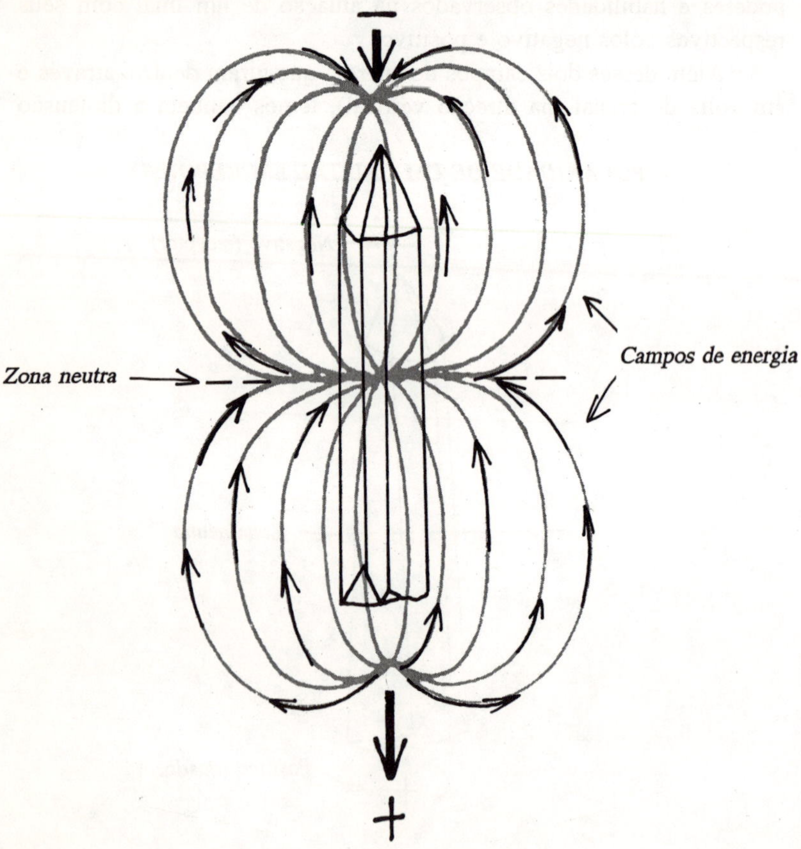

individuais na ponta do cristal, determinando em primeiro lugar qual é a faceta inferior. Gire então o cristal tanto no sentido horário quanto no sentido anti-horário, contando as facetas à medida que elas ascendem para a esquerda e para a direita a partir dessa faceta, que é a principal.

Se houver um maior número de facetas que ascendam para a direita (no sentido anti-horário), então o cristal é destro. Se a maioria se move em espiral, por assim dizer, pela esquerda (ou melhor, avançando no sentido horário quando olhamos para elas de cima), nesse caso o

CAMPOS DE ENERGIA QUE SE MOVEM EM ESPIRAL

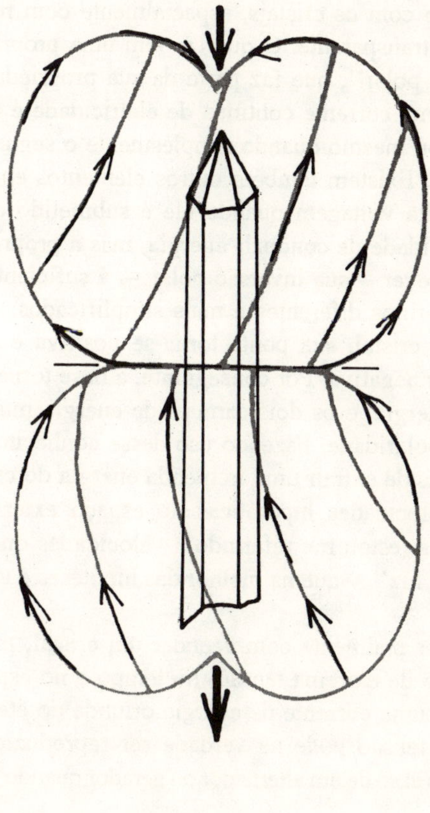

cristal é canhoto. Com base em minha experiência de sete anos de trabalho com cristais, tenho a dizer que o número de cristais destros e canhotos é mais ou menos o mesmo.

Depois de determinar se um cristal é destro ou canhoto, você saberá em que direção está fluindo o campo *superior* de energia. Se for um cristal destro, o campo de energia estará fluindo numa direção ascendente para a direita. Se for esse o caso, o campo inferior estará fluindo na direção oposta ou no sentido horário. Isso se aplica apenas aos cristais de quartzo transparente, e não ao quartzo enfumaçado ou à ametista.

E agora, para acrescentar um pouco de caos à sua confusão, desejo incluir um ponto importante a respeito de algo bastante estranho relacionado com os cristais, especialmente com relação aos cristais de quartzo transparente. O quartzo tem uma propriedade denominada ''inversão polar'', que faz parte da sua propriedade ''piroelétrica''. Quando uma corrente contínua de eletricidade é enviada através de um cristal, ou mesmo quando simplesmente o seguramos, a polaridade se inverte. Existem também outros elementos envolvidos, como a geração de alta voltagem quando ele é submetido a pressão e sua tremenda capacidade de conduzir energia, mas a propriedade que acabamos de descrever – sua inversão polar –, é suficiente no momento.

Usando termos diferentes e mais simplificados: quando seguramos a base do cristal, sua ponta torna-se positiva e irradia energia, deixando de ser negativa. Por conseguinte, a base torna-se negativa ou receptora de energia, e os dois campos de energia mudam ou trocam totalmente de polaridade. Fazendo uso desse conhecimento, no futuro seremos capazes de extrair uma tremenda energia do cristal, suficiente para atingir velocidades hiperóticas no espaço exterior com nossas Naves Espaciais (estou me referindo a velocidades que ultrapassam a ''velocidade da luz'' – que na melhor das hipóteses é uma medida fixa e relativa).

Para poder realmente compreender um cristal, precisamos vê-lo como um ponto de extrema tensão, no tempo e no espaço, através do qual pode fluir uma corrente de energia oriunda do éter circunjacente. Esse ponto de tensão pode na verdade ser reproduzido em qualquer lugar – como no caso de um alternador ou gerador quando gira e produz um

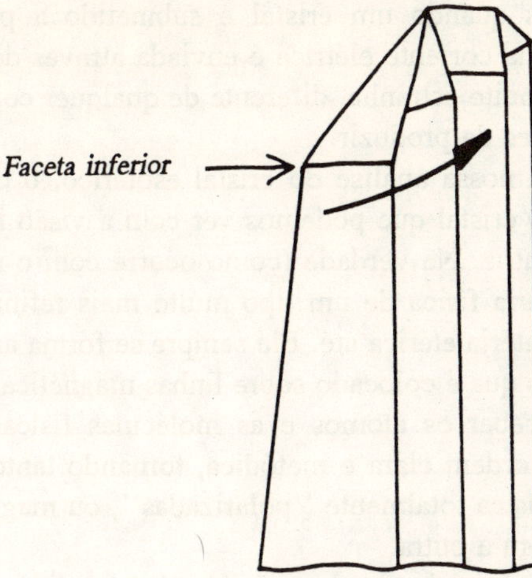

CRISTAL DESTRO

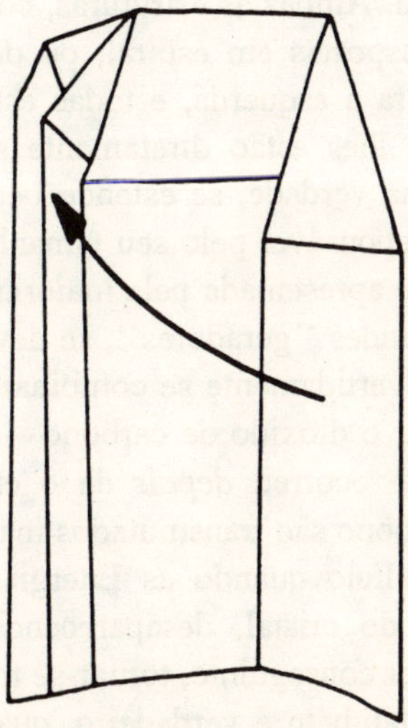

CRISTAL CANHOTO

campo magnético. Mas quando um cristal é submetido a pressão, aquecido, ou quando uma corrente elétrica é enviada através dele, ele reage de uma maneira muito estranha, diferente de qualquer coisa que até hoje já fomos capazes de produzir.

Prosseguindo com nossa análise do cristal esotérico, o componente seguinte do nosso cristal que podemos ver com a visão interior é o duplo etérico ou matriz. Na verdade (como ocorre com o nosso), ele é formado por matéria física de um tipo muito mais refinado do que o gás – por uma matéria etérica até. Ele sempre se forma antes da estrutura física, e depois que é colocado sobre linhas magnéticas bem-definidas podemos perceber os átomos e as moléculas físicas mais densos dispostos numa ordem clara e metódica, tornando tanto a estrutura etérica como a física totalmente "polarizadas", ou magneticamente alinhadas uma com a outra.

O cristal etérico é inicialmente construído de acordo com um "arquétipo" ou antigo padrão do cristal de quartzo transparente; depois, um átomo de silício se combina com dois átomos de oxigênio, que então são dispostos sobre suas contrapartes etéricas que existem como matéria etérica. Ambas as estruturas, como você talvez já tenha adivinhado, estão dispostas em espiral, ou deslocando-se em espiral para a direita ou para a esquerda, e todas estão magneticamente alinhadas com as que lhes estão diretamente em cima e embaixo. A disposição etérica, na verdade, se estende bem além do cristal físico denso e é de fato responsável pelo seu tamanho e forma finais.

A nebulosidade apresentada pela maioria dos cristais de quartzo, especialmente os grandes "geradores", se deve à presença de átomos de carbono que inadvertidamente se combinaram com dois átomos de oxigênio para formar o dióxido de carbono – na verdade, uma molécula de líquido. Isso ocorreu *depois* de o cristal ter sido formado. Esses átomos de carbono são transmutados mais tarde, transformando-se novamente em silício quando as Energias Vitais superiores são canalizadas através do cristal, desaparecendo a seguir. Os cristais nebulosos podem, por conseguinte, tornar-se mais transparentes com o tempo. E o inverso também é verdadeiro, quando os cristais transparentes se tornam nebulosos. Esse fato nega a teoria da existência de cristais "masculinos" e "femininos".

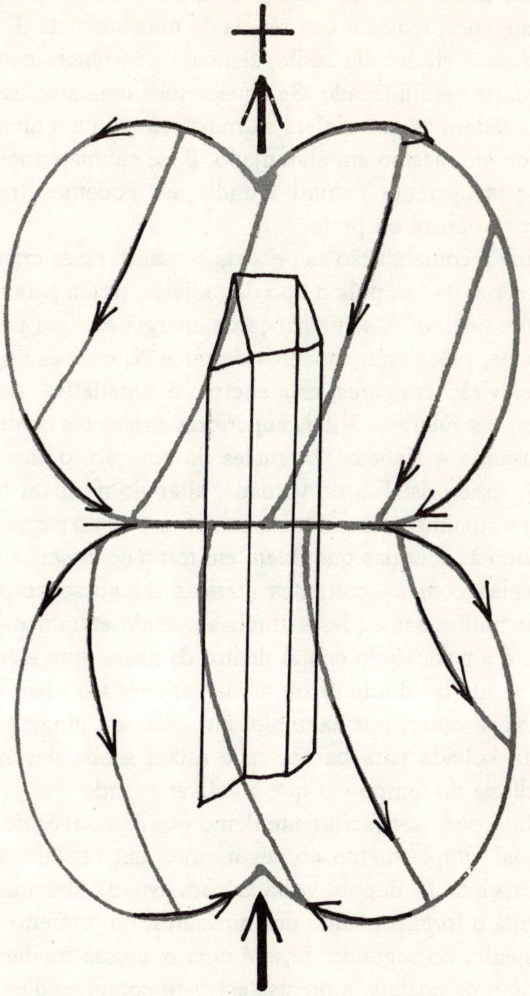

O FLUXO DE ENERGIA
QUANDO SE SEGURA UM CRISTAL

Quando se constata a presença de uma ou outra forma etérica de ferro ou manganês, temos a ocorrência de uma ametista. E, na presença de um átomo etérico de sódio, temos a ocorrência natural de um cristal de quartzo enfumaçado. Se aquecermos uma ametista entre 400 e 575°C, sua adorável cor violeta se transformará num amarelo pálido ou escuro, ou até mesmo em alaranjado. E, se submetermos um cristal de quartzo transparente natural à radiação, podemos transformá-lo num feio cristal cinza ou preto.

Eis uma recomendação às pessoas sensatas: esses cristais irradiados devem ser evitados, pois o tipo de radiação usada para transformá-los é bastante nocivo. À semelhança da energia emitida por um forno de microondas, pelos equipamentos de raios X, ou mesmo pelos aparelhos de televisão em cores, esta energia é cumulativa – e dissipará, com o tempo, as Energias Vitais superiores existentes dentro do duplo etérico, causando a diabetes, os males do coração, o câncer e talvez até a AIDS. Esse cristal é, na verdade, alterado no nível molecular a ponto de ser virtualmente inútil tanto para a cura como para a meditação.

Voltando às energias que fluem em torno do cristal, é a interação dessas energias com as correntes etéricas do nosso corpo que nos fazem sentir muitas sensações estranhas quando entramos em contato com elas. E é a posição do cristal dentro da nossa aura etérica que irá determinar se ele irá diminuir ou aumentar o nosso nível de energia, porque, se você optar, por exemplo, em usar seu pingente de cristal com a ponta voltada para baixo, você estará sendo desvitalizado na proporção direta do tempo em que o estiver usando.

Esse fato pode ser facilmente demonstrado através do teste muscular, no qual simplesmente ao segurarmos um cristal com a ponta voltada para cima (e depois voltada para baixo) podemos perceber imediatamente o fortalecimento dos músculos, no primeiro caso, e seu enfraquecimento, no segundo. Essa é uma premissa fundamental para o trabalho com os cristais, e precisa ser bem compreendida antes de a pessoa entrar em contato com eles – pois, se os cristais forem usados de modo incorreto, o nível de energia da pessoa decrescerá imediatamente, provocando um correspondente enfraquecimento direto da resistência a energias perniciosas e até mesmo a vários agentes patogênicos. Essa redução da vitalidade também pode ser causada ao ingerirmos alimentos cozidos num forno de microondas, pela irradiação dos raios X e pela exposição prolongada à radiação de um aparelho de televisão em cores.

Quando você usar o seu cristal, ou ao carregá-lo consigo de ambos os lados do corpo, se mantiver a ponta do mesmo voltada para cima, estará garantindo o recebimento da maior quantidade de energia e de poder de fortalecimento que ele é capaz de fornecer. O cristal, nessa posição, está na verdade adaptado à energia do seu corpo, sendo capaz, portanto, de transmitir nesse local uma grande quantidade de Energia Vital. Isso simplesmente não pode ocorrer quando essa posição é invertida. Caso você use um cristal, carregue-o consigo, ou simplesmente o segure na mão durante a meditação diária, esse efeito básico se repetirá constantemente.

Caso você ou um ente querido seu esteja tendo dificuldades para pegar no sono, basta segurar um cristal com ambas as mãos, mantendo a ponta voltada para baixo durante cerca de vinte minutos, que o sono deverá vir bem mais facilmente e sem esforço. Essa seria então apenas uma das aplicações da capacidade "negativa" do cristal. Uma outra aplicação da sua capacidade que se assemelha bastante a esta, e que faz uso do mesmo princípio básico, seria segurar um cristal na mão direita, durante cinco minutos, com a ponta voltada para longe do corpo, com o propósito de fazer baixar uma febre alta. Isso deve ser feito com prudência, uma vez que às vezes a febre pode ser algo até bastante desejável, e baixá-la prematuramente não estaria beneficiando o paciente.

Por isso, como você pode ver, é preciso que haja um conhecimento razoável do funcionamento dos cristais e de como sua energia se inter-relaciona com a nossa antes de os usarmos.

ODE ROMANA AO QUARTZO

Toma na tua piedosa mão a
imagem translúcida de brilho cristalino da Luz Eterna;
Satisfeito com seu brilho, todo poder Divino
Aceitará os votos que apresentares no seu santuário.

Mas, para provar a virtude da pedra,
Um certo modo vou te fazer conhecido;
Para acender sem fogo a chama sagrada,
Coloca essa maravilhosa gema sobre pinho estilhaçado,
Refletindo imediatamente a orbe brilhante do dia,
Sobre a madeira a gema lança um tênue raio.
Capturado pelo untuoso combustível, se erguerão
Primeiro a fumaça, depois fagulhas e finalmente uma poderosa chama;
Por isso, chamamos o fogo da Vesta,
Amado por todos os imortais, de chama sagrada;
Nenhum outro fogo tem vapores tão aprazíveis;
A vítima condenada nas suas fornalhas se consome;
E contudo, embora causa da chama, por mais estranho que seja,
A pedra arrebatada da fogueira é fria como o gelo.

– Extraído de *Quartz Family Minerals*,
Dake & Wilson

Como separar as pedras verdadeiras das falsas

"Um engano pode ocorrer de uma outra maneira, como no caso em que alguém confunde a forma e a cor de uma pedra verdadeira a partir de uma outra que não é verdadeira. E esse engano se dá a partir de muitas coisas, e principalmente de vidro fundido, ou de uma determinada pedra."

– Dr. C. Leonardus,
Mirror of Stones, 1750 d.C.

Não é raro encontrar muitas pedras produzidas e coloridas artificialmente sendo vendidas ao lado das "Real McCoy" nas lojas de pedras e minérios. Só depois de adquirir uma grande quantidade de informações e depois de efetivamente ver as "imitações", é que podemos chegar a ter algum grau de certeza e confiança de que o que possuímos não é, realmente, um pedaço de pedra colorida ou um mero objeto sem valor. Essa foi uma lição que tive muita dificuldade para aprender. Aliás, continuo a estudá-la. E foi somente após algum tempo (e alguns grandes momentos de verdadeiro embaraço) que cheguei à conclusão dura e fria de que mais do que apenas um dos inúmeros cristais que eu adquirira e julgara serem legítimos nada mais eram do que "lobos em pele de cordeiro". Alguns deles eram verdadeiros "lobos", sendo realmente bastante perigosos porque eram levemente radioativos por terem sido expostos a isótopos radioativos que alteraram artificialmente a aparência natural do cristal.

Quase todos os tipos de pedras preciosas e semipreciosas, e vários tipos de cristais, todos à venda no mercado, estão sendo falsificados hoje em dia. Mas isso é bom pelo menos num aspecto porque, à semelhança do que ocorre com as falsas obras de arte, a falsificação sempre garante o valor do original. Sem sombra de dúvida, haverá uma época, num futuro não muito distante, em que estaremos vendo boas falsificações das falsificações que estão sendo fabricadas hoje em dia!

Os cristais de quartzo transparente produzidos artificialmente têm uma aparência e transmitem uma sensação totalmente diferente da dos cristais naturais. A maioria dos falsos cristais tem dupla ponta, possuindo apenas quatro lados, em vez dos seis do cristal verdadeiro. Em geral eles são bastante estreitos e longos, embora muitos dos mais antigos produzidos há décadas sejam largos (com 5 ou 7,5 centímetros de largura) podendo ter até 25 centímetros de comprimento. Mas, mesmo neste caso, eles quase sempre possuem quatro lados, e não os seis do verdadeiro cristal de quartzo transparente.

Os cristais produzidos artificialmente também têm uma superfície muito ondulada e raramente são suaves ao toque. Cortados em pedaços medidos com precisão, destinam-se a ser usados de diversas maneiras. São inúteis para a cura e a meditação (do mesmo modo como o são os prismas de vidro chumbados encontrados nas lojas de presentes em todos os lugares), uma vez que a energia que transmitem é difusa e sem direção. São incapazes de absorver e irradiar as forças superiores da vida das esferas espirituais.

Quero mencionar aqui que os melhores microscópios do mundo têm lentes feitas de quartzo ótico graduado – naturais ou artificiais. Isso acontece porque o quartzo permite que uma faixa muito mais larga de energia luminosa passe através dele do que ocorre com o vidro comum. Nas lojas de pedras, é comum encontrarmos grandes caçambas e até mesmo arcas cheias de pedaços desse quartzo ótico graduado que foram um dia cristais muito grandes considerados imperfeitos e simplesmente despedaçados ao serem desenterrados. A maior parte desse material vem da América do Sul.

Embora pudéssemos pensar que os cristais de quartzo transparente que ocorrem naturalmente devessem ter as mesmas características em todo o mundo, isso simplesmente não acontece. Um número bastante grande de cristais de quartzo transparente oriundos da América do Sul são surpreendentemente semelhantes aos cristais de quartzo "enfumaçado" que ocorrem naturalmente e são encontrados na América do Norte (são cristais de uma coloração que vai do marrom-claro ao escuro). Os cristais de quartzo transparente encontrados no hemisfério norte apresentam uma forma extraordinariamente semelhante à dos cristais de quartzo enfumaçados do hemisfério sul. O cristal de quartzo transparente, contudo, será sempre relativamente translúcido (independentemente de fraturas internas ou de inclusões) e terá em geral a ponta formada por seis facetas.

Os cristais enfumaçados naturais do hemisfério norte exibem uma adorável coloração uniforme, que varia do muito pálido ao bastante escuro, quase negro. Seus lados (mais uma vez, geralmente seis) apresentam uma inclinação suave da base na direção da ponta. E, novamente, à semelhança de todos os cristais de quartzo, normalmente têm seis facetas na ponta. Os cristais enfumaçados do hemisfério sul exibem a mesma variação na cor, mas nem sempre apresentam os mesmos lados inclinados, tendo, ao contrário, lados retos e paralelos – bem semelhantes aos cristais transparentes do Norte. Parece confuso? Não o será, realmente, depois que você tiver visto um exemplar de cada um. A única coisa que é preciso realmente ter em mente é que os cristais enfumaçados naturais não vêm do Estado de Arkansas (nos Estados Unidos).

Existe um pequeno grupo de pessoas que extraem cristais de quartzo transparente no Arkansas (conheço pessoalmente algumas delas) que de vez em quando pegam um grande número dos seus melhores cristais e os colocam em fornos especiais, expondo-os à radiação emitida por isótopos radioativos. Depois de serem atingidos por uma carga bastante elevada dessa radiação mortal, esses cristais abandonam seu estágio transparente natural passando a apresentar várias nuanças de preto. Depois dessa transformação, eles passam a ser muito perigosos e devem ser evitados. Por favor, levem bem a sério essa recomendação. Esses cristais são alterados de um modo tal que nunca mais poderão ser usados com segurança. Caso você suspeite que está de posse de um cristal desse tipo, você tem a obrigação, para consigo mesmo, de enterrá-lo e simplesmente se esquecer dele.

Lembre-se de que nem todos os mineradores do Arkansas fazem isso – graças a Deus. São poucos na verdade os que agem assim. O único motivo pelo qual o fazem é que esses cristais têm uma aparência radicalmente diferente da dos transparentes, proporcionando aos mineradores uma maior variedade de materiais a serem vendidos aos compradores mais incrédulos. Esperemos, à medida que um número cada vez maior de pessoas venha a compreender a diferença entre esses cristais envenenados e os cristais enfumaçados que ocorrem espontaneamente na Natureza, percebendo como são perigosos, que então essas pessoas parem de submeter os cristais à radiação. Vamos torcer para que isso aconteça o mais rapidamente possível.

Esse tipo de radiação, como a emitida pelos aparelhos de raios X, pelos fornos de microondas, pelas luzes fluorescentes, pelas televisões em cores, etc., é cumulativa. Isto significa que ela se acumula, crescendo cada vez mais no corpo, até alcançar um nível no qual possa ativamente interferir nos processos vitais naturais do corpo e alterar as espirais de energia – as moléculas DNA – que controlam a quantidade, a velocidade e o tipo de crescimento manifestados por qualquer coisa viva. As forças vitais superiores que pulsam através desses cristais negros irradiados são antagônicas à vida – e isso você deverá ser capaz de sentir, especialmente se já trabalhou com cristais e meditou por um curto período de tempo. No entanto, como descobri certa vez depois de comprar um deles, nem sempre é fácil ter certeza a esse respeito. Bem, creio que isso encerra o assunto.

Está ficando cada vez mais difícil conseguir os cristais naturais de quartzo citrino (que apresentam uma coloração amarela ou laranja). Isso se deve, aparentemente, ao fato de cerca de 90% dos cristais de quartzo de cor amarela atualmente disponíveis nas lojas apresentarem, antes de se tornarem amarelos, uma coloração violeta – ou, mais especificamente, eram de fato ametistas.

Na próxima vez que você for comprar cristais, procure prestar atenção no tamanho dos cristais amarelos, e verificar se a base do cristal foi queimada. Grupamentos de ametista que não apresentam uma boa qualidade são colocados em grandes fornos e depois aquecidos a 400ºC durante algumas horas. E, depois desse período, eles exibem uma cor diferente – amarelo ou laranja. As virtudes e as capacidades inerentes à ametista também mudam. Enquanto antes elas influenciavam o corpo astral/emocional, agora elas passam a influenciar bem mais o corpo mental do que o astral, pouco afetando o emocional. Mais uma vez, como já foi dito anteriormente, as imitações garantem o valor do que é verdadeiro, e é exatamente isso que está acontecendo – está ficando cada vez mais difícil encontrar o verdadeiro citrino, o que o torna portanto bem mais valioso do que as imitações.

A ametista e o quartzo rosa estão sendo falsificados, ou melhor, manufaturados, não sob a forma de cristais verdadeiros, mas de longas barras de formato estranho a partir das quais são lapidadas pedras facetadas. E é bem difícil, sem o equipamento adequado, determinar a diferença entre as pedras falsas e as autênticas. Um diamante verdadeiro, ao contrário de todas as imitações, sempre brilha, mesmo no escuro, mas não existem regras rígidas para determinar a autenticidade de uma ametista a não ser através do exame dos ângulos de luz que ela reflete.

A maioria dos quartzos rosa que vemos nas lojas não se encontra numa estrutura cristalina, e sim no estado ''amorfo'', ou não-cristalino. Grandes filões de quartzo rosa são partidos e vendidos por quilo pelos grandes distribuidores que vendem menores quantidades às lojas de pedras locais. Os cristais de quartzo rosa são, na verdade, extremamente raros e muito caros. A grande maioria faz parte de coleções exclusivas de museus ou de universidades. Pelo que se sabe, apenas um pequeno número de filões foi encontrado muitos anos atrás, e a maioria desses filões está na América do Sul.

A aplicação do quartzo rosa na cura e na meditação é bastante limitada. Sua bonita cor se presta, contudo, à visualização durante longos períodos de meditação, e demonstra ser uma pedra muito calmante para o corpo físico. Sua energia fortalece e cura os rins, aumentando e ativando também a quantidade de hormônios produzidos pelas glândulas tireóide e paratireóide (ambas condicionadas pelas energias do Terceiro Raio). A tireóide equilibra os hormônios no corpo, controla todas as funções metabólicas, equilibra o cálcio na corrente sangüínea e é aparentemente um dos locais no corpo onde elementos indesejáveis no sangue – como os vírus e as bactérias – são destruídos.

Os cristais de ametista também são encontrados em filões, com, às vezes, vários metros de comprimento e com meio metro e até um metro de largura. A forma amorfa, não-cristalina, também está disponível; mas, como sua demanda é pequena, não é sempre que a encontramos nas lojas. O quartzo rosa funciona bem em lugar dos cristais rosa, ao passo que o quartzo ametista simplesmente não pode ser comparado em poder e eficácia aos cristais.

Os cristais de ametista aquietam e acalmam o corpo astral/emocional de uma maneira diferente da de qualquer outro mineral ou cristal. É deveras impressionante vivenciar diretamente o poder dessa grande pedra curativa. A paz e a tranqüilidade logo tomam o lugar do caos, da confusão e da inquietude emocional que às vezes estão presentes dentro de nós. Devemos segurar a ametista durante os períodos de meditação, e sua cor deve ser usada como um elemento purificador para expurgar todo o nosso ser – o físico, o emocional e o mental. A ametista pertence ao Sétimo Raio – o Raio da Lei e da Ordem Cerimonial, da magia e da transmutação. O Raio predominante para a Era de Aquário é o Sétimo Raio – daí a grande procura no momento pelos cristais de ametista.

A ametista obtém sua cor a partir de moléculas etéricas de peróxido de ferro e manganês. Alguns autores também citam o cobalto como uma possível fonte da sua bela cor. A maioria dos especialistas considera o sódio como a origem da adorável coloração marrom encontrada nos cristais enfumaçados. E todos os cristais e rochas de quartzo se compõem de três átomos fundamentais (um de silício e dois de oxigênio), dispostos numa formação "trigonal". Eles têm peso específico de 2,66, dureza de 7 e índice de refração de 1,55. São duplamente refrativos, e todos exibem um nítido dicroísmo (apresentam diferentes cores ou arco-íris quando contemplados de diferentes posições).

Alguns escritores da Nova Era chegaram a ponto de dizer que na verdade eles são nada mais nada menos do que luz cristalizada, apenas variando os efeitos de acordo com as fontes de luz. Essa afirmação talvez seja verdadeira numa análise final, uma vez que o ouro é, segundo a tradição ocultista, luz cristalizada do "Sol Central"; e a prata, luz cristalizada da Lua.

Muitos de vocês provavelmente já se perguntaram se pretendo continuar a tratar insistentemente da família do quartzo e dizer apenas algumas coisas, ou talvez nada, a respeito dos outros cristais encontrados na Natureza. Sem dúvida, informações adicionais a respeito dos inúmeros outros cristais e minerais facilmente encontrados hoje em dia iriam ampliar o conhecimento e o entendimento dos leitores, mas eu estaria tratando de um número excessivo de elementos se incluísse nesse trabalho todos os cristais. É melhor que o livro permaneça concentrado no quartzo, que inclui muitas rochas diferentes, e não apenas cristais. A opala, o jaspe, o ônix e a ágata-de-fogo são apenas alguns deles.

Volto à idéia principal do nosso estudo, desculpando-me com aqueles que esperavam um grande volume de fatos e informações a respeito de outros cristais; todos os cristais de quartzo manifestam muitos poderes estranhos e maravilhosos. Um deles são as suas propriedades "piezoelétricas". O cristal assemelha-se bastante a um ímã – contendo também um pólo positivo e um negativo. A ponta é normalmente negativa ou receptora quando ele não está em uso, e se inverte, tornando-se positiva e transmissora de energia, quando o seguramos. Os cristais de dupla ponta (aqueles com pontas naturais nas duas extremidades) apresentam ainda uma outra imagem, totalmente diversa. Eles estão presos de tal modo que ambas as pontas são negativas e o ponto onde estão fixados, ou ligados, ao leito de rocha é positivo. Este tipo de cristal é ligeiramente mais poderoso, mais raro e mais caro do que os de uma única ponta.

A matriz etérica, ou o "duplo" do cristal (seja de quartzo ou de qualquer outro cristal), é traçada, ou melhor, construída primeiro; e sobre esse "plano" são colocados os átomos físicos mais densos, retirados da solução supersaturada à sua volta. O Reino dos Devas, ou dos Espíritos da Natureza, é responsável por esse reino, e controla, condiciona e determina os muitos aspectos e elementos que entram em todas as fases da produção de cristais e minerais (voltarei a este assunto mais tarde).

Todo o reino mineral, que é o primeiro reino da Natureza, constitui o resultado da interação e combinação das energias e forças do Sétimo e do Primeiro Raios. Os reinos mineral e vegetal já atingiram um estado de perfeição e não sofrerão praticamente nenhuma alteração no futuro. É claro que não podemos dizer o mesmo acerca do reino animal, ou do reino humano.

A existência de cada tipo diferente de cristal é uma indicação direta e segura de que um grande Espírito da Natureza ou Deva "foi aprovado" num nível bastante elevado de realização. A produção de um cristal/mineral (ou de uma nova espécie de planta ou animal) é uma aptidão ou talento adquirido que eles precisam conquistar com o tempo. Deve existir, na verdade, um enorme número desses seres no Reino dos Devas (que é análogo ao nosso reino), uma vez que existe no mundo hoje em dia uma infinidade de minerais e já que a maioria (cerca de 97%, de acordo com os cientistas atuais) dos animais que já existiram na Terra estão extintos.

Um Deva pode copiar ou até mesmo reproduzir um tipo específico de mineral ou de cristal aqui na Terra que já tenha estado presente em outro planeta. A verdadeira dificuldade nesse caso parece ser fazer com que esse cristal apareça miraculosamente ao mesmo tempo em diferentes locais do globo, e não apenas num único lugar.

Vários tipos diferentes de cristais foram na verdade presenteados a muitas pessoas em todo o planeta por alienígenas, que aqui chegaram vindos de distantes sistemas solares. Eles se assemelham bastante, em todas as suas características genéricas, com os cristais que conhecemos. E, contudo, os alienígenas afirmaram que suas energias foram, em certa ocasião, completamente diferentes, em alguns casos até mesmo nocivas, daquelas que encontramos nos cristais da Terra. Isso se deve evidentemente ao fato de eles terem sido em certa época influenciados por outros planetas e estrelas cujas energias talvez nunca venham a nos alcançar.

De acordo com esses longínquos visitantes, muitos dos cristais, especialmente os sintéticos, deveriam ser totalmente purificados através da eliminação das suas energias originais, caso contrário eles se revelariam bastante nocivos àqueles que os manuseassem.

Sem qualquer sombra de dúvida, muitas novas tecnologias e ciências, incluindo inúmeras invenções, surgirão nas próximas décadas, talvez originárias dos nossos Irmãos do Espaço, à medida que eles continuam a compartilhar conosco idéias que ajudarão a nos libertar das várias tecnologias e fontes de poder perniciosas – todas antagônicas à vida – que usamos livremente. Nessas invenções estarão sem dúvida incluídas muitas que utilizam os cristais, mas *somente* se elas não forem usadas com objetivos bélicos; caso contrário, ocorreria uma espécie de dívida kármica para aqueles que as fornecessem.

Algumas facetas do estudo

Aquilo que percebemos como sendo um cristal não é tudo o que existe nele. Além do objeto físico que distinguimos prontamente, existe um outro cristal composto de matéria etérica (matéria de vibração e freqüência mais elevada do que a matéria física), o chamado de "duplo etérico", que deve ser encarado como um tipo de matriz de energia ou "planta". Esse duplo pode se estender para muito além das suas fronteiras físicas – como também ocorre com a nossa aura ou campo de força, que se estende por alguma distância além do nosso corpo físico denso.

O duplo etérico, ou matriz de energia, é formado primeiro (como sempre acontece com todas as coisas vivas), e depois, uma vez completado parcial ou totalmente, as forças vitais são conduzidas através dele. Quando isso ocorre, as moléculas físicas (nesse caso, de silício e oxigênio) são magneticamente colocadas, por assim dizer, sobre suas contrapartes na matriz. Como acontece com todos os quartzos, elas se acham dispostas num padrão "trigonal" ou triangular, estando ainda colocadas sobre essa matriz num sentido horário ou anti-horário, o que resulta num cristal "destro" ou "canhoto".

O tamanho final de um cristal é sempre determinado pelos Espíritos da Natureza ou Devas, responsáveis por esse tipo particular de cristal, bem como pelas condições ambientais favoráveis que o cercam, enquanto ele continua a crescer sobre o duplo etérico, e talvez em eterna expansão.

Nos Estados Unidos existe a teoria de que os cristais sempre crescem na direção do pólo norte magnético do planeta. Em decorrência disso, supõe-se que o eixo magnético da Terra deve ter-se deslocado muitas vezes no passado, o que explicaria a multiplicidade de direções apresentadas pelos cristais em qualquer grupamento particular. Contudo, em virtude da presença de muitos cristais de tamanhos semelhantes, todos apontando para direções diferentes, essa teoria hoje em dia não pode ser aceita sem restrições. É certo que os pólos magnéticos do planeta se deslocaram, mas somente a razão demonstrará que existem outras forças em funcionamento, além da atração magnética do pólo norte enquanto os cristais tomam forma e se desenvolvem.

À medida que uma determinada classe de Espíritos da Natureza evolui, estes recebem a oportunidade de criar um novo tipo de mineral com seu próprio cristal específico. A incalculável quantidade de cristais (sobre uma variedade infinita deles pouco ou quase nada sabemos) é resultado da decisão de algum adiantado Espírito da Natureza que resolveu materializá-los. Ele recorreu a formas criadas num passado vago e distante, ao mesmo tempo que utilizava determinados poderes e habilidades e controlava certos elementos e condições para finalmente criar um mineral, um cristal "novo", até então desconhecido na Terra.

Alguns cientistas apresentaram a teoria de que eles próprios podem, na verdade, criar novos cristais em seus laboratórios por acidente e, depois de fazê-lo, esses cristais aparecem misteriosamente nos laboratórios do mundo todo. Um cientista criaria então o "arquétipo" de um novo cristal e a seguir uma forma magnética dessa nova criação tornar-se-ia prontamente disponível para ser cristalizada em qualquer tempo ou lugar. Existem outros aspectos desse processo que os cientistas deixam de perceber; contudo, seu tema geral está "em sintonia" com as atividades dos Espíritos da Natureza relacionados com a criação de novos minerais e cristais.

Essa criação marca um momento no tempo muito importante, uma ocasião de grande glória quando uma forma de vida recém-criada passa a existir. O novo cristal se ergue como um indicador ou como um "marco de estrada" para os Espíritos da Natureza que seguem a mesma linha de evolução. Ao realizar essa criação, o Espírito da

Natureza passa por uma determinada iniciação, e esse ser é elevado a uma ordem superior.

Para que não nos desviemos demais do nosso tema principal, é preciso ter sempre em mente que os cristais não são como os esqueletos das árvores, objetos mortos que já existiram um dia, mas sim seres ainda dotados de vida, e que portanto ainda podem se desenvolver na presença das condições adequadas. Os cristais são rochas que têm alma.

Muito poderia ser acrescentado aqui a respeito do trabalho dos Espíritos da Natureza, bem como acerca do duplo etérico dos cristais, mas já existem muitos livros bons sobre esses assuntos. Talvez a descrição de uma experiência feita há algum tempo na Rússia confirme e reforce a utilidade e a importância de se conhecer o duplo etérico.

Os russos tomaram um "cristal seminal" (um cristal pequeno e puro, geralmente fabricado pelo homem) e o revestiram de parafina (que é um isolante de eletricidade). Em seguida, o mergulharam numa solução supersaturada a partir da qual o cristal havia sido originalmente precipitado. O cristal foi ainda conectado, devo acrescentar, a uma fonte de baixa corrente contínua de eletricidade através de um fio de cobre bem fino, ligando-se então a corrente. Surpreendentemente, o cristal continuou a crescer, simplesmente como se a parafina jamais tivesse estado presente. As moléculas da solução continuaram magicamente a se dispor ao redor e sobre a superfície de parafina. Esse fato foi totalmente inesperado. Trata-se de experiência muito importante pois, embora a parafina, à semelhança do vidro e da madeira, seja um grande isolante de eletricidade, aparentemente não o é para as supremas forças de vida que circulam através do duplo etérico dos cristais carregando-os de energia. A corrente contínua foi interrompida, mas houve ainda um acentuado aumento no crescimento do cristal.

O duplo etérico do cristal e, o que é mais importante, as energias que ele é capaz de transmitir sobrepõem-se em parte ao nosso duplo etérico quando entramos no nosso campo áurico ou quando o trazemos para dentro dele. Esta é uma das principais razões pelas quais os cristais podem expandir e aumentar a nossa vitalidade e também por que eles funcionam tão bem em determinados padrões ou configurações nos quais os campos de energia se combinam quando os cristais estão adequadamente alinhados. Voltarei a esse assunto mais tarde.

De um modo bastante real, quando começamos a interagir com os cristais, nós nos colocamos sob o seu poder e podemos ser afetados de diferentes maneiras, como uma conseqüência direta desse fato. É claro que não se trata de nenhum tipo de possessão ou obsessão, uma vez que nós os estamos usando; mas precisamos realmente aprender tudo o que pudermos a respeito deles visto que eles são capazes de nos desvitalizar e prejudicar com a mesma rapidez com que nos podem revitalizar e curar.

Ter conhecimento de que usar em volta do pescoço um cristal apontado para baixo é desvitalizante representa algo valioso e de muita eficácia. Um número excessivo de pessoas começou a usar impensadamente os cristais sem saber ou compreender como fazê-lo adequadamente, e por conseguinte foram prejudicadas por eles. Estou falando por experiência própria. Saber que os cristais são desvitalizantes quando apontam para baixo dentro do nosso campo de energia ou aura é de extrema importância; caso contrário, você terá de enfrentar conseqüências danosas, incluindo a falta de vitalidade e de resistência aos agentes patogênicos e às formas de pensamento malignas.

Muitos milhares de pessoas estão de tal modo intrigados, obcecados até, por assim dizer, com a tradição e o conhecimento que envolve o uso dos cristais, que vieram a formar um grande contingente dentro do movimento mais amplo da Nova Era. O crescimento desse contingente ainda não se estabilizou nos Estados Unidos da América, e no momento está apenas começando na Austrália e na Nova Zelândia. Quanto à América do Sul, seria interessante saber até que ponto existe de fato interesse verdadeiro nesses países. No caso do Brasil, que está destinado a se tornar um dos grandes centros na Nova Era nas próximas décadas, esse potencial está presente.

Esse anseio quase que universal, esse desejo esmagador de absorver e sentir o poder e a energia do cristal, que está crescendo fortemente em todos os lugares, é verdadeiramente um anseio da Alma ou do Eu Superior. Ele jorra praticamente com a mesma força do coração de todos os seres da Nova Era em todos os lugares, e se desdobra em intensas chamas de desejo através das várias fontes de conhecimento relacionadas com o assunto.

É claro que isso não acontece por acaso. Os cristais estão novamente despertando antigos laços do amor passado e da profunda sabedoria da Alma e constituem nestes dias um recurso extremamente importante – um instrumento para a iluminação da Alma.

> "Isso me traz aos objetivos que estão agora diante dos discípulos que se preparam para a iniciação [...] a consciência deles se amplia conscientemente no intuito de gerar um fato ascendente, na direção de reinos até agora invisíveis e desconhecidos, e descendente, na direção de reinos que chamamos de subumanos (o animal e o mineral) [...] Isso significa: na direção da síntese, na direção da plenitude, na direção do todo, na direção da totalidade."
>
> – Djwhal Khul

O objetivo desses Seres de Amor altruístas que agora estão guiando a humanidade é tornar o maior número de pessoas o mais sensíveis possível às nossas Almas – à Força Orientadora do nosso interior. Os cristais estão ajudando na consecução desse objetivo. Um número cada vez maior deles está sendo efetivamente aprimorado tanto física quanto etericamente através do uso. A energia que essas criações perfeitas da Natureza são capazes de "canalizar" está tornando isso possível num período de tempo muito mais curto do que o que ocorreria sem a sua influência. A matéria atômica mais densa que compõe o nosso quádruplo ser inferior está na verdade sendo substituída, num ritmo muito mais acelerado, pela matéria subatômica dos éteres superiores. Isso não só permite que tenhamos uma comunicação maior com nossa Alma, e que sejamos mais sensíveis a ela, como também nos leva até o "Portal da Iniciação" bem mais rapidamente do que aconteceria em outras circunstâncias. Os cristais provavelmente também desempenharão um papel importante nas iniciações de grupo que se aproximam à medida que um número cada vez maior de pessoas está se preparando – formando grupos – para essas intensas experiências de uma consciência mais ampla de si mesmo.

Os cristais logo estarão afetando a vida de todas as pessoas. Essa energia pode ser usada para acelerar a taxa de crescimento das nossas colheitas. Pode aumentar a pureza e a força vital da água que usamos.

Os que decidirem fazer uso desse poder ilimitado serão, com o tempo, as pessoas mais saudáveis deste planeta, e provavelmente não serão incomodados com a esterilidade, o câncer ou a debilidade genérica da velhice com seus incontáveis problemas e complicações. Você está conseguindo perceber a importância desse conhecimento e como é importante a intensificação desse estudo no momento?

O dr. Wilhelm Reich disse certa vez que a energia do "orgônio" estava em todos os lugares e era absorvida por todo material orgânico. Essa é a mesma energia – energia vital – que os cristais absorvem e irradiam. A energia das pirâmides também é bastante parecida, mas apresenta determinadas diferenças nos seus efeitos nos organismos vivos, o que se deve provavelmente à ligeira diferença na velocidade de vibração.

Os dispositivos de energia orgônica e os cristais podem ser mutuamente integrados com facilidade, cada um intensificando e aumentando o poder e a capacidade do outro. Pode-se fazer a mesma coisa com o uso de determinadas espirais, como o Circuito Oscilante Aberto (COA). Surgirão nas próximas décadas muitos dispositivos notáveis e eficientes que usarão esses mesmos dispositivos mais simples e que nos assombrarão e encantarão. A barreira da luz será rompida através do uso dos cristais, e eles nos farão também conhecer os segredos da levitação, da desmaterialização e do deslocamento pela telecinesia.

> No verão de 1927, dois cientistas poloneses, Kowsky e Frost, observaram propriedades antigravidade específicas nos cristais. Eles estavam continuando algumas descobertas na área da piezoeletricidade efetuadas por Meissner da Telefunken, por meio das quais se constatou que os cristais podiam ao mesmo tempo perder sua transparência e ter o seu peso específico alterado.
>
> Através da oscilação de transmissores de rádio de vários quilowatts por exposição prolongada, Kowsky e Frost conseguiram incluir um aumento de volume de 800% num cristal transparente (isso significa que o fizeram crescer). O cristal pequeno e mais leve sustentava a aparelhagem que o fazia oscilar, bem como um peso de 24 quilogramas suspenso a partir dele, flutuando livremente a uma altura de cerca de dois metros acima do chão de um laboratório.

Logo depois dessa descoberta, relatórios e fotografias da experiência foram publicados no *German Journal*, no *Radio Umschau* e na *Science and Invention* (exemplar de setembro de 1927).

Os relatórios publicados permitem que o fenômeno seja assim descrito na terminologia atual:

"Um cristal de quartzo de graduação óptica, com 5x2x1,5 cm de estrutura definida de ordem de distribuição dos átomos foi piezoeletricamente sobrecarregado com uma resultante opacidade, um aumento de volume e uma mudança estrutural aliada a uma alteração no peso específico. Foi registrado que o cristal teve suas dimensões aumentadas ao longo de um dos lados, em 2.000% (um aumento no volume de 800%). Seu peso de aproximadamente 30 gramas foi reduzido de uma quantidade desconhecida durante o aumento do volume. Quando estimulado eletricamente para erguer a si mesmo, o cristal foi capaz de erguer um peso adicional de aproximadamente 26 quilos. Isso ocorreu quando o cristal estava sendo submetido a uma pressão de oscilação vertical por meio de contatos diretos com eletrodos, e a uma oscilação transversal por meio de eletrodos não-acoplados, transmitindo a radiação com o cristal inserido entre eles."

– *Planetary Association for Clean Energy Newsletter*,
8 de fevereiro de 1981.

Foi apresentada junto com esse relatório, demonstrando as possibilidades dos cristais quando aplicados de modos diferentes para alcançar a levitação, etc., uma fotografia do dispositivo sustentando o cristal suspenso a cerca de 1 metro do chão. O dr. Kowsky também aparece na fotografia vestindo um casaco grosso e um chapéu. Isso se deve, segundo a legenda, ao ambiente frio no qual a experiência teve que se realizar (aproximadamente a 5ºC, para que o cristal se conservasse frio). Experiências anteriores foram feitas em temperatura ambiente, e revelaram-se deploráveis e bastante desastrosas porque o cristal, depois de ser exposto à elevada radiação e às ondas de rádio, superaqueceu-se, expandiu-se como uma esponja e depois explodiu.

Gostaríamos de acreditar que os *lasers* que usamos hoje em dia na indústria e em outras atividades são a última palavra nesse tipo de dispositivo, mas esse não é definitivamente o caso. Embora muitos deles usem pedras preciosas e cristal lapidado, não usam as formas de energia mais elevadas e mais poderosas que vibram à nossa volta nos éteres.

Tuesday Lobsang Rampa e Eric von Daniken escrevem a respeito do vasto sistema de túneis subterrâneos profundos que correm debaixo da superfície do planeta – interligando os continentes. Eles foram, sem dúvida, criados (talvez devêssemos dizer fundidos) por um dispositivo que utilizou essas formas superiores de energia. Eram máquinas realmente muito poderosas. Não há dúvida de que elas também usavam cristais sintéticos e espirais de energia. Esses dispositivos talvez estejam presentes no planeta ainda hoje, ocultos em cápsulas do tempo – isto, pelo menos, de acordo com o que Rampa afirmou a respeito.

Dispositivos de cura da Nova Era

Os desenhos que se seguem descrevem um determinado padrão ou configuração de cristais dispostos numa formação triangular, o que constitui um gerador ou campo de força muito poderoso de energia vital. As energias de cada cristal se combinam num único campo muitas vezes mais potente do que os campos individuais de energia dos cristais quando isolados. Essa combinação ocorre porque as "auras" dos cristais estão alinhadas ou "se ajustam" umas às outras. Para que esse processo funcione de maneira adequada, os três cristais precisam estar paralelos uns aos outros. Apontá-los simplesmente para dentro ou para fora não dará certo.

Existe uma outra configuração ainda mais poderosa do que essa. Ela é obtida usando-se três cristais de quartzo transparente cujas bases foram cortadas de um modo tal que os três podem ficar de pé. Em seguida, eles são dispostos numa formação triangular, com os lados, mais uma vez, paralelos uns aos outros. O campo de energia resultante é realmente bastante poderoso.

CONFIGURAÇÃO PARA A CURA DO CORPO FÍSICO

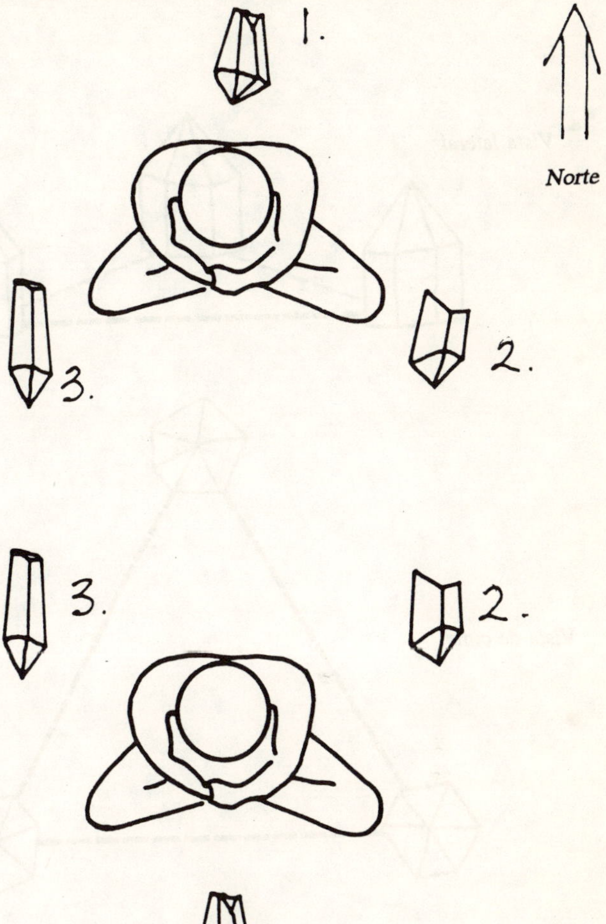

Nota – Os cristais precisam ser dispostos de acordo com uma dessas duas configurações para a cura do corpo físico. Os números indicam a ordem na qual os cristais devem ser dispostos em torno do paciente. Todos os cristais estão apontando para o Sul. A pessoa também poderá segurar um cristal transparente.

CONFIGURAÇÃO ALTERNATIVA DE TRIANGULAÇÃO

Vista lateral

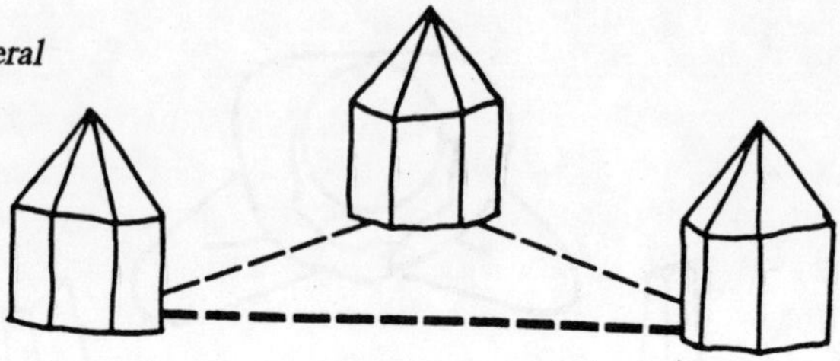

Vista de cima

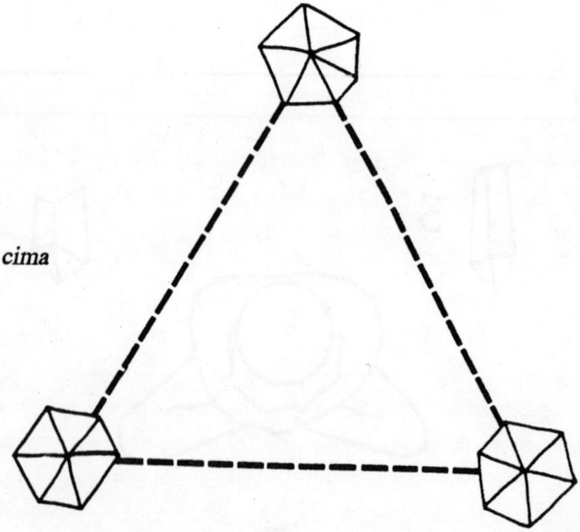

São usados aqui três cristais de quartzo transparente; a base pode ser cortada perpendicularmente ao eixo para que os cristais possam se erguer perfeitamente na vertical. Procure usar cristais o mais semelhantes possível. Outros cristais podem ser acrescentados para aumentar a energia e a magnitude do campo de força resultante. Isso atuará sobre o corpo físico de todas as coisas vivas.

Através da mudança do tamanho de um dos cristais, e também pela orientação do fluxo de energia a partir dele, mediante o uso de dois tipos de lente diferentes, produzir-se-á um feixe luminoso que poderá, com o tempo, substituir os *lasers* que usamos hoje em dia. Esse dispositivo simples de feixe luminoso também será a base de futuras unidades motrizes "hiperóticas" que permitirão viagens espaciais a longa distância a velocidades superiores à da luz.

Grande parte disso tudo talvez pareça desnecessariamente supérfluo a muitos leitores. Contudo, é isso que irá formar a base de pensamento dos futuros pesquisadores ávidos por desenvolver nossa tecnologia nas décadas por vir. Mas, quem sabe, tudo pareça bastante estimulante e interessante para você. Talvez você tenha sido uma daquelas poucas almas que, durante o período de tempo que denominamos Lemúria e Atlântida, trabalharam como cientistas produzindo cristais para serem usados na cura, na agricultura e na geração de energia.

Existiam na Atlântida grandes templos de cura que atendiam a uma dupla finalidade – a função das igrejas e dos locais de reunião religiosos dos nossos dias e também, até certo ponto, a dos hospitais de hoje. Tratava-se de grandes construções onde as pessoas iam regularmente, talvez até semanalmente, procurando revitalização e cura e buscando vivenciar a união com o Grande Anjo interior.

As comunidades se concentravam em volta desses templos. Diversas terapias e tratamentos eram fornecidos gratuitamente àqueles que os solicitavam. Havia vários aposentos onde as mães grávidas podiam ir com o objetivo de efetivamente influenciar e condicionar várias atitudes e características dos seus filhos antes de eles nascerem. Ao ser regulada a quantidade e a qualidade da energia luminosa que a gestante recebia, o temperamento do filho e, em grande parte, seus objetivos e talentos na vida podiam ser determinados para toda a sua existência. De certo modo, isso ajudava aquela sociedade a cumprir determinadas diretrizes, objetivos e planos formulados, mas, por outro lado, deixava de dar aos pais um instrumento, bem como um poder, que em geral é deixado nas mãos do "acaso".

Algo assim pode ser feito, até certo ponto, mesmo nos dias de hoje. Um dispositivo de irradiação do cristal, que poderá ser útil nesse sentido, pode ser fabricado num certo espaço de tempo com bem pouco esforço. Constrói-se simplesmente uma base para o cristal, de preferência de madeira, dentro da qual é fixada uma lâmpada colorida. Mudando a cor da lâmpada, e talvez também o cristal, podem-se obter energias e efeitos de cura bem diferentes. Existem hoje muitos livros a respeito da cura através das cores e do poder das diversas luzes.

Esses templos de cura, além de possuírem aposentos especiais amiúde feitos de cristal, também tinham tanques muito especiais de água corrente que eram carregados com a energia de cristais e pirâmides. Essa água era usada em banhos e também para beber. Eram verdadeiras "Fontes da Juventude", onde ocorriam curas milagrosas. Combinando apenas alguns dos muitos dispositivos de cura da Nova Era mencionados no decorrer deste livro, é possível construir uma banheira semelhante às que eram usadas com prazer pelos atlantes há muitos milhares de anos.

Além desses tanques, havia também um outro item nesses templos que vale a pena mencionar; estou me referindo às pranchas especiais de energia destinadas a ativar e fortalecer os meridianos de energia e o sistema de chakras no duplo etérico. Tratamentos semelhantes a esse estão sendo agora experimentados na técnica Reiki, na acupuntura e na acupressura. Mas são bem mais limitados e nem de longe são tão eficientes quanto aquelas pranchas curativas de metal. Elas eram feitas de cobre, de prata e cristais de quartzo transparente triturados. Os atlantes conseguiam de algum modo misturar esses três elementos enquanto ainda se encontravam no estado magmático. Depois, derramavam-nos em moldes especiais. Enquanto esfriava, o metal era polarizado através da indução de poderosas correntes de energia oriundas de enormes cristais geradores. Quando o processo terminava, as pranchas eram cuidadosamente polidas e depois gravadas com um padrão de quadrados perfeitos: 31,75 mm por 31,75 mm. Este padrão de algum modo ajudava no equilíbrio e na transferência das energias especiais que pulsavam através dessas pranchas. Também se podiam fazer sobre essas pranchas ou placas de metal outros tratamentos, como a massagem, a reflexologia, a cura por irradiação, etc., enquanto o sistema de chakras da pessoa estava sendo energizado e equilibrado.

É possível construir uma prancha semelhante às dos atlantes com essa medida especial (31,75 mm por 31,75 mm), com um fio de cobre simples e sem encapamento. Adquira inicialmente um pedaço adequado de madeira compensada grossa com cerca de 60 cm de largura por 1,80 m de comprimento. Compre também uma quantidade suficiente de fio de cobre que dê para cobrir completamente a prancha com um "desenho de tabuleiro de damas". Prenda o fio na madeira com pequenos pregos sem cabeça para que fique no lugar e percorra-o para trás e para frente, primeiro no sentido do comprimento e depois de um lado para o outro até que a grade de energia esteja completa. Repito que a distância entre um trecho do fio de cobre e o outro deve ser de 31,75 mm por 31,75 mm. Amarre as duas extremidades do fio de modo que fiquem presas a uma das extremidades da prancha. Cubra então essa extremidade com um pedaço de espuma de 125 mm de espessura. A espuma tornará a prancha confortável para que você possa deitar nela e não desviará e nem interferirá na transmissão de energia através do fio.

Esta "Prancha de Cura Atlante" pode então ser revestida com pedaços de seda ou algodão colorido, e aqueles que a usam também podem se vestir com o mesmo material ou com outra cor para conseguir um determinado efeito de cura. A seda, ao contrário de qualquer outro material, tem a capacidade de reter uma carga elevada da energia dos cristais sem dissipá-la – que é o que ocorre com todos os materiais sintéticos produzidos hoje em dia. Esta é uma das razões pelas quais os melhores cristais devem ser embrulhados em seda; e o mesmo se aplica às cartas do tarô. Mantenha também junto com suas cartas e cristais uma "Lágrima de Apache" (um pedaço de obsidiana negra ou cinzenta). Isto irá afastar ou absorver quaisquer energias, formas-pensamento, elementais, etc., de origem negativa que por acaso possam atravessar o seu caminho. Os índios norte-americanos ainda tomam essa providência com relação aos seus pertences mais estimados – pelo menos aqueles que ainda percebem a importância disso e efetivamente acreditam que isso funciona.

O desenho da pág. 46 mostra como um cristal gerador de tamanho maior pode ser envolvido com um fio de cobre, ou melhor, pode ser aproveitado, para que a sua energia possa ser dirigida de maneira a ser usada através da prancha. Uma vez envolvido pelo fio de cobre, ele é ligado às duas extremidades do fio que saem da prancha. O

COMO ENVOLVER UM CRISTAL GERADOR COM UM FIO DE COBRE

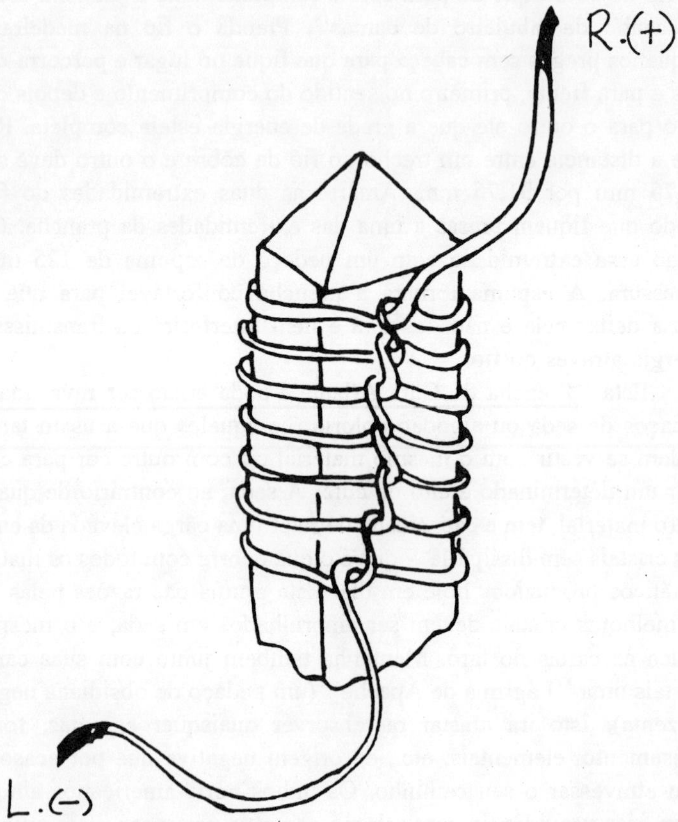

Este dispositivo é usado sobre o coração ou na área do plexo solar. Qualquer combinação de cristais será igualmente eficaz. Observe o desenho do circuito aberto oscilante para maiores esclarecimentos. A distância entre as duas extremidades de cobre não é tão importante nos modelos menores.

cristal e a prancha podem então ser colocados sob a luz direta do Sol ou usados dentro de casa. Basta simplesmente deitar sobre a prancha para receber uma carga rápida. É preciso ficar bastante atento ao tempo que se passa sobre a prancha para que não se receba uma dose excessiva de energia. Existem indicações em outra parte deste livro a respeito do que fazer se isso acontecer.

O dispositivo do campo de força do cristal mágico

"O Que Conhece, o conhecimento e o campo de conhecimento tornam-se uma só coisa, do mesmo modo como o cristal incorpora as cores do que nele se reflete."

– O Mestre Ascenso Djwhal Khul,
em *Light of the Soul [Luz da Alma]*.

Algum tempo atrás travei conhecimento com o trabalho de George Lakhovsky e com seus "Circuitos Oscilantes Abertos" (COA)* e o seu "Dispositivo Multioscilante". No livro *The Secret of Life* (impresso na década de 1920) ele faz profundas revelações a respeito da célula viva e de como ela funciona. Através da combinação das suas descobertas (e mais intensamente com os COA combinados com um cristal de uma só ponta), é possível construir um campo de força de cristal capaz de repelir formas adversas de radiação mortífera.

É claro que no início eu fiquei bastante incrédulo com relação ao trabalho de Lakhovsky, e também com os resultados que ele estava conseguindo. Parecia extraordinário demais que um simples dispositi-

* Em inglês, *Open Occillating Circuits* (OOC) (N.T.).

vo, um fio de cobre desencapado vergado em forma de círculo, pudesse curar o câncer, a esterilidade, e inúmeras outras doenças "incuráveis". Entretanto, as fotografias que ele apresentava em todo o livro eram prova mais do que suficiente da veracidade da sua experiência.

Quando já conhecia o seu dispositivo, li por acaso, mais tarde, algo bastante fantástico que deu credenciais ao seu trabalho. Tratava-se de um outro dispositivo semelhante que ainda hoje faz a minha mente levantar um vôo de fantasia no qual eu imagino que algo assim poderia –, e poderá, segundo acredito –, tornar-se um dia parte da nossa vida. Esse outro dispositivo é revelado num dos livros de Lobsang Rampa: *Cave of the Ancients* [*A Caverna dos Anciãos*], no qual ele descreve seu encontro com um pequeno grupo de alienígenas numa espaçonave muito antiga, no coração das montanhas do Tibete. Ele diz que o dispositivo (um tipo de mecanismo de energia) tem uma complexa espiral interna formada por uma liga capaz de absorver um tipo de Energia Vital muito pouco conhecida hoje em dia e que parece, ao que tudo indica, conceder a vida eterna a quem a estiver usando. Mencionei esse fato porque o dispositivo que vou apresentar é um protótipo desse mecanismo futuro e aperfeiçoado que irá, com o tempo, levar pesquisadores e inventores à sua produção final.

Esse dispositivo representa a culminação de muitos meses de pesquisa com plantas, através do uso exclusivo do COA e do cristal de quartzo transparente, também exclusivo, ou em combinação com outros cristais. É a união dessas duas coisas, trabalhando "de mãos dadas", por assim dizer, que produz este poderoso dispositivo da Nova Era. E não é preciso acreditar que ele funciona para experimentar o seu poder.

Através do conhecimento (obtido por meio de experimentos e continuamente constatado através do teste muscular) de que usar um cristal, de qualquer tipo ou tamanho, com a ponta voltada para cima de fato transmite vitalidade e energia ao corpo físico e ao etérico, e com a compreensão fundamental de como se forma um COA, qualquer pessoa deverá ser capaz de construir um desses dispositivos. Os componentes básicos são os seguintes:

- Um cristal (de quartzo transparente, de azurita, ou de turmalina, de uma só ponta).

- Um pedaço de fio de cobre desencapado com cerca de 50 cm de comprimento e suficientemente grosso para manter seu formato ao ser vergado em forma de círculo.
- Um pedaço de plástico transparente com cerca de 2 cm por 7 ou 8 cm de comprimento.
- Um pouco de cola.
- Um pedaço de cordão, couro ou fio de algodão para pendurar o dispositivo ao redor do pescoço.

Comece pelo pedaço de fio de cobre desencapado e o amarre em volta de uma garrafa ou jarra de tamanho adequado, com cerca de 7 ou 8 cm de largura. O fio de cobre deve ser suficientemente grosso para manter seu formato ao ser vergado em forma de círculo, mas não deve ser grosso demais, de modo a impedir que seja vergado facilmente. A intenção é dar-lhe uma forma circular o mais perfeita possível, embora o círculo não precise ser absolutamente perfeito para que o dispositivo funcione. As duas extremidades devem sobrepor-se mutuamente em cerca de 4 a 5 cm, e devem estar paralelas – no mesmo plano do círculo.

O cristal que você escolher para usar nesse dispositivo deverá ser relativamente poderoso. Confie em si mesmo, siga a sua intuição na escolha do cristal. Mesmo que você venha depois a descobrir que ele é falso, ainda assim ele funcionará, mas não tão bem. Para meu primeiro protótipo escolhi um cristal de azurita, uma vez que era o cristal mais carregado de energia que eu possuía na ocasião. Os cristais de azurita são intrinsecamente muito poderosos. Eles estimulam a energia kundalini e pertencem, creio eu, ao Primeiro Raio da Vontade de Deus. De qualquer modo, o COA amplia e aumenta enormemente o poder dos cristais ajudando a intensificar os poderes e habilidades que lhes são inerentes. Assim, um belo cristal de turmalina, que normalmente afeta o chakra do coração, irá afetá-lo bem mais – talvez até dez vezes mais.

Várias combinações de cristais e pedras preciosas e semipreciosas podem ser formadas aqui e colocadas ao lado do cristal central básico. Existem alguns bons livros que oferecem diferentes combinações que deram bastante certo no passado. No entanto, saber qual a melhor combinação é difícil, pois cada cristal é um tanto ou quanto

DISPOSITIVO DO CAMPO DE FORÇA DO CRISTAL MÁGICO

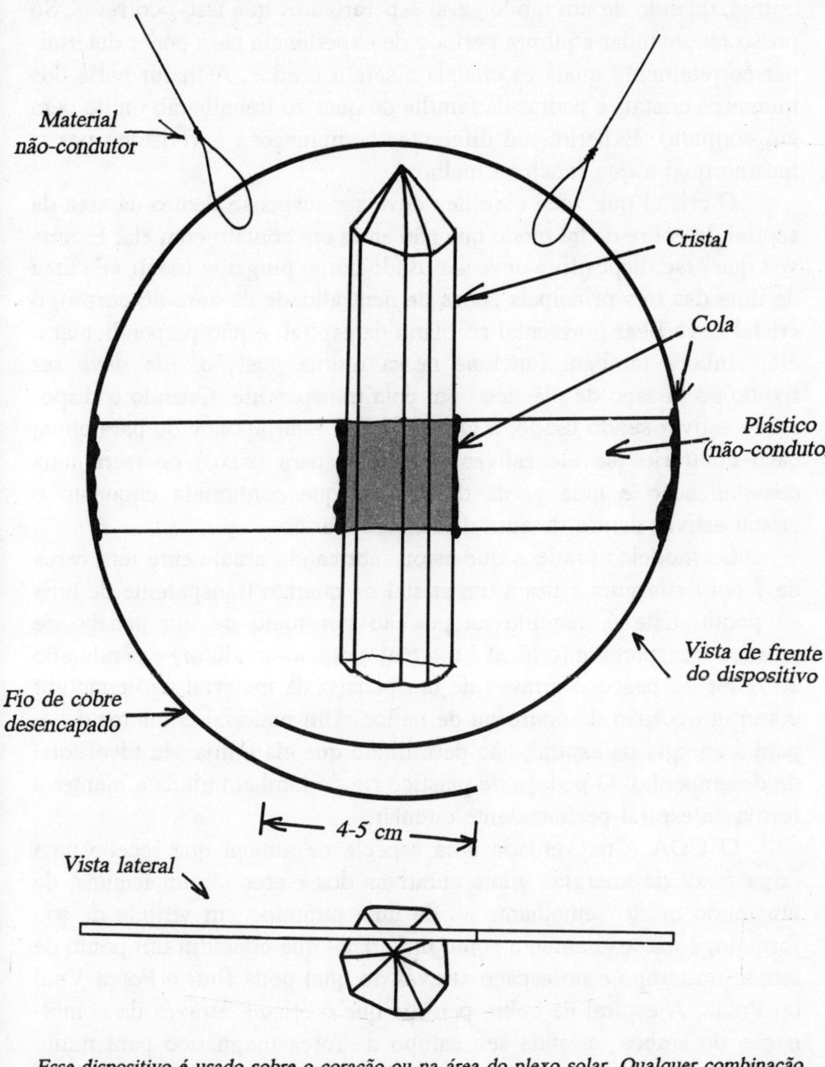

Esse dispositivo é usado sobre o coração ou na área do plexo solar. Qualquer combinação de cristais será igualmente eficaz. Observe o desenho do circuito oscilante para maiores esclarecimentos. A distância entre as duas extremidades de cobre não é tão crucial nos modelos menores.

individualista e poderá, na verdade, não funcionar bem junto com outros, quando de um modo geral esperaríamos que isso ocorresse. Só posso recomendar aqui um período de experiência para poder determinar corretamente quais os cristais a serem usados. A maior parte dos inúmeros cristais e pedras da família do quartzo trabalharão muito bem em conjunto. Experimente diferentes combinações e verifique por si mesmo qual a que funciona melhor.

O cristal que você escolheu deve ser suspenso dentro da área da espiral de cobre de tal modo que não entre em contato com ela. E, uma vez que esse dispositivo deve ser usado como pingente (dentro da área de uma das três principais zonas de neutralidade da aura do corpo), o cristal deve ficar horizontal ao plano da espiral, e não perpendicular a ele, embora também funcione nessa última posição. Ele deve ser fixado ao pedaço de plástico com cola transparente. Quando o dispositivo estiver sendo usado, o cristal deverá estar apontando para cima; caso contrário (se ele estiver apontando para baixo) ocorrerá uma desvitalização e uma perda de energia que continuará enquanto o cristal estiver dentro da aura do veículo etérico.

Os modelos práticos que estou fabricando atualmente têm cerca de 7 cm de largura e usam um cristal de quartzo transparente de uma só ponta. Este é mantido na posição por meio de um pedaço de plástico transparente (o ideal é um material não-condutor) e pendurado ao redor do pescoço através de um pedaço de material não-condutor como um cordão de couro ou de náilon. Um material condutor dissipará a energia da espiral, não permitindo que ela atinja seu nível total de desempenho. O pedaço de plástico rígido também ajuda a manter a forma da espiral perfeitamente circular.

O COA é na verdade uma espécie de antena que recebe uma larga faixa de energias vitais curativas dos éteres circunjacentes, de um modo muito semelhante ao de uma pirâmide em virtude de seu formato, e não exatamente como um cristal que constitui um ponto de tensão no tempo e no espaço através do qual pode fluir a Força Vital ou Prana. A espiral de cobre permite que o cristal, através da combinação de ambos, estenda seu campo de força magnético para muito além do seu comprimento normal. Num sentido bastante real, eles acentuam a função e o poder um do outro, ampliando assim seus poderes e habilidades fundamentais.

Sugiro que esse dispositivo não seja usado durante todo o dia, pois irá interferir com o período normal do sono, reduzindo seu número de horas, digamos, de oito para seis horas, ou até menos. Trata-se de um recurso extremamente poderoso! O que estou informando aqui terá um profundo efeito na sua vida caso você venha a fabricar e usar um dispositivo desse tipo. Você descobrirá que terá mais energia durante o dia e sentirá perda de energia sem ele. Você também perceberá que as outras pessoas reagirão a você de uma maneira diferente – e isso poderá ser bom *ou* mau.

Eis algumas das futuras aplicações desse dispositivo: projetores do campo de força individual para todos os astronautas, permitindo que caminhem em segurança até onde nenhum homem sobre a Terra conseguiu chegar antes; capacitar os atletas a manter e expressar um rendimento muito maior de esforço físico; usá-lo na medicina veterinária para ajudar os animais a resistir e superar rapidamente todas as doenças e a dor; aumentar o tempo de vida dos seres humanos talvez em muitos anos; reverter a esterilidade (desde que haja uma boa alimentação); e enfrentar e superar a AIDS e outras possíveis doenças do futuro. Os modelos futuros também inverterão a "atração" magnética da Terra, permitindo a levitação e possibilitando o estado de invisibilidade.

Com o conhecimento surge a responsabilidade. Esse dispositivo está sendo divulgado para ajudar no combate à tremenda quantidade de radiação mortífera e adversa que existe à nossa volta, oriunda dos fornos de microondas, dos aparelhos de televisão em cores, dos radiodifusores por microondas, da precipitação radioativa nuclear e, agora, da radiação na comida. Acredito que o aumento de poder pessoal que esse dispositivo lhe outorgará será usado com discernimento, capacitando-o a ser mais útil a sua própria Alma e também aos seus semelhantes. Use-o com sabedoria.

As telas de tranqüilidade de Eeman

''Passaram-se alguns anos e o menino é agora um rapaz saudável e normal a quem o feminino se revela sob um novo aspecto um tanto ou quanto surpreendente. Ele descobre que sua mão e a de certa jovem parecem atrair-se e, depois, que ele gosta de segurar a mão dela, embora precise de algum tempo de acanhada exploração para se certificar de que o prazer é mútuo. Mas uma das mãos é melhor do que a outra. Estimulado pela sua experiência com as mãos, e possivelmente instigado por outros estímulos, o jovem cientista investiga o problema dos pés. Com uma audácia sem limites, como a de todos aqueles que buscam verdadeiramente a luz, ele convida sua companheira de explorações para tomar chá, e ambos ficam emocionados ao descobrir que, debaixo da mesa, seus pés (terminais polares inferiores) confirmam as descobertas agradáveis que eles haviam feito com as mãos (terminais polares superiores). Muito naturalmente, eles continuam a pesquisa das atrações polares (e algumas vezes das repulsões) alcançando sua consumação preestabelecida: a de que outros pequenos pesquisadores irão, por sua vez, enfrentar e esforçar-se por compreender e solucionar o enigma do 'sentido' e do propósito da vida. Por quê?''

– L. E. Eeman, *Co-operative Healing.*

Desde os primórdios de qualquer tipo de pesquisa a respeito do que é exatamente o corpo humano e de como ele funciona, ou deixa de funcionar, foram feitas muitas e amiúde repetidas observações muito importantes. E uma observação sempre surge de vez em quando. Estou me referindo ao fato de sermos, efetivamente, "bipolares". Isso quer dizer que temos no interior da nossa constituição física zonas ou pólos opostos – um positivo e um negativo. A antiga medicina chinesa, a medicina búdica, a medicina ayurvédica e muitos outros estudos de épocas imemoriais apontam para isto, cada um oferecendo uma das peças de um quebra-cabeça aparentemente muito complicado. Com efeito, uma visão global desse quebra-cabeça nunca se tornou totalmente visível – pelo menos não até 1919, quando L. E. Eeman apareceu e forneceu uma espécie de estrutura, sobre a qual as numerosas peças podiam ser dispostas com êxito, tornando-se assim compreensíveis.

Eeman resume a própria natureza e todo o escopo do trabalho da sua vida, abarcando cerca de quarenta anos de experimentação e pesquisa extremamente detalhada da ciência da polaridade, com estas poucas palavras: "Quando diferentes partes de um único corpo humano, ou partes diferentes ou semelhantes de vários corpos humanos, são ligadas através de condutores elétricos, como fios de cobre isolados, esses corpos – para fazer uso de uma analogia eletromagnética – se comportam como se fossem 'bipolares'."

Através do uso dessa suposição básica e de um dispositivo muito simples, que agora é chamado de "As Telas de Tranqüilidade de Eeman", esse pesquisador fez o impossível com bastante eficácia, curando doenças difíceis de tratar, como a epilepsia, a ciática, a insônia crônica, a dor prolongada e inúmeros outros males e distúrbios – tudo sem drogas, aparelhos, preparados herbáceos, operações ou por "imposição das mãos".

De que modo um simples dispositivo, como duas telas de metal ligadas a duas alças de metal, pode curar doenças tão complicadas ainda é um mistério para muitas pessoas. Contudo, à luz das recentes descobertas de curadores eminentes como o dr. Samuel West, Jason Winters, Hanna Kroeger, Colin Lambert e outros de igual competência em todo o mundo, vários fatos novos e importantes (um tanto ou quanto elucidativos com relação ao funcionamento das telas) estão sendo esclarecidos. A indelével veracidade da polaridade inerente ao corpo físico é repetidamente demonstrada por todos esses curadores através do seu trabalho. Seus resultados, bem como os obtidos por Eeman, indicam que existem três zonas ou campos separados e diferenciados através do corpo e em volta dele.

Essas três zonas ou campos de energia constituem, em primeiro lugar, e talvez o que é mais importante, esse campo dividido por uma zona neutra que percorre no sentido horizontal a região do plexo solar, criando um pólo positivo acima e um pólo negativo abaixo dele. Em segundo lugar, elas criam ainda um outro campo que existe em volta ou ao redor de uma segunda linha de neutralidade que corre verticalmente através do corpo, segmentando seu lado direito e esquerdo, sendo positivo o lado direito e negativo o esquerdo. E, em terceiro lugar, permitem a observação de ainda uma outra linha de neutralidade que corre verticalmente através do corpo, separando a frente e as costas.

De acordo com Eeman, cada uma dessas zonas ou campos possui três partes separadas e diferenciadas, cada uma se originando das outras duas e sendo totalmente dependentes delas. Uma delas é a zona de polaridade que designamos como positiva cujo pólo, bem como seus inúmeros efeitos, é totalmente oposto ao seu outro pólo, negativo. A zona neutra não contém jamais nenhuma "carga", e nem apresenta nenhum efeito quando observada de um ponto de vista puramente mecânico.

Depois de reconhecer a existência desses três campos separados de polaridade, Eeman dispôs-se a descobrir uma maneira pela qual se poderia aproveitar a energia e as forças latentes dentro e em volta de cada uma dessas três zonas. Ele esperava, desse modo, equilibrar as energias encontradas no corpo inteiro, elevando-as ou reduzindo-as sempre que houvesse algum excesso ou deficiência. Ele achava que isso de alguma maneira provocaria uma ordem ou harmonia dentro do equilíbrio original rompido em conseqüência de um excesso ou deficiência de energia dentro de alguma área específica isolada. Inesperadamente, contudo, Eeman descobriu muito mais do que isso.

Seu dispositivo parece criar, através da união das três zonas de polaridade, um certo tipo de espiral gigante de energia, a qual, à semelhança de um poderoso ímã ou antena, parece atrair uma tremenda quantidade de energia dos éteres. Essa energia tem sido chamada

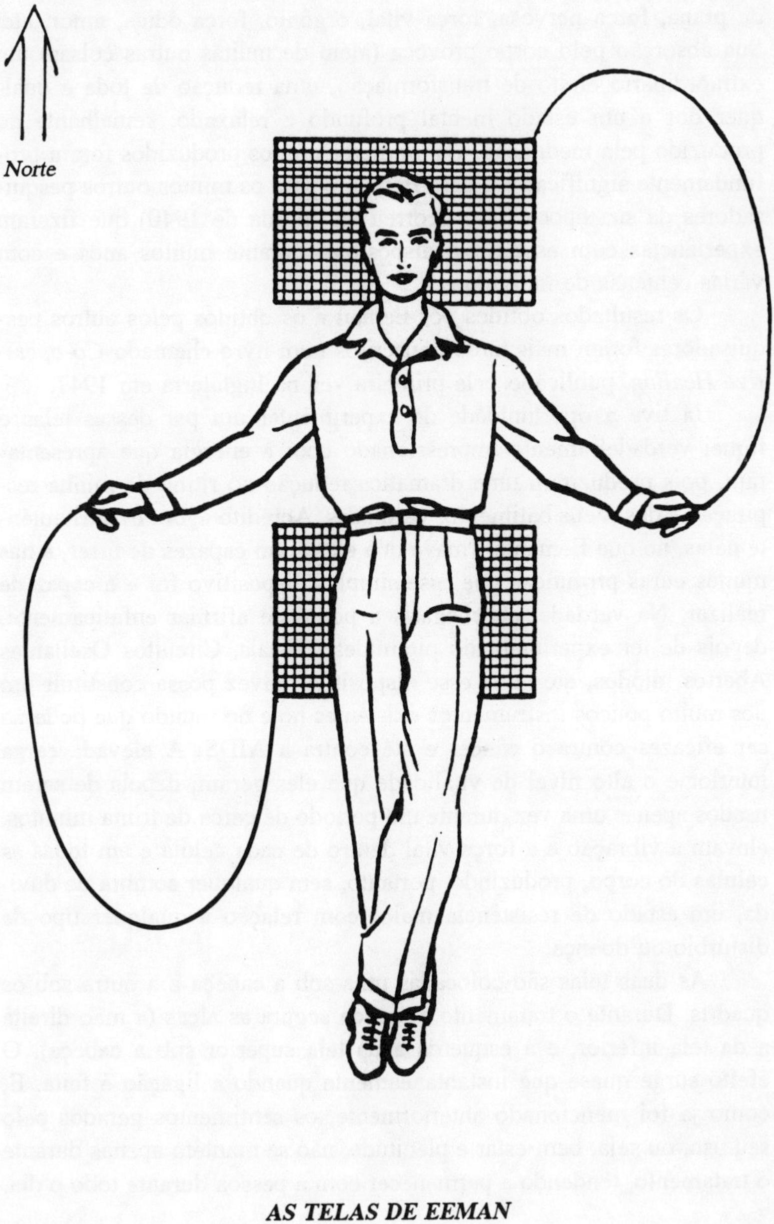

AS TELAS DE EEMAN

de prana, força nervosa, força vital, orgônio, força ódica, amor, etc. Sua absorção pelo corpo provoca (além de muitas outras coisas) um extraordinário efeito de transformação, uma redução de toda e qualquer dor e um estado mental profundo e relaxado, semelhante ao produzido pela meditação. Os inúmeros efeitos produzidos foram profundamente significativos para Eeman e para os muitos outros pesquisadores da sua época (isso ocorreu na década de 1940) que fizeram experiências com esse novo dispositivo durante muitos anos e com várias centenas de indivíduos.

Os resultados obtidos por Eeman e os obtidos pelos outros pesquisadores foram mais tarde transcritos num livro chamado *Co-operative Healing*, publicado pela primeira vez na Inglaterra em 1947.

Já tive a oportunidade de experimentar um par dessas telas e fiquei verdadeiramente impressionado com a energia que apresentaram, pois produziram uma dramática redução no ritmo da minha respiração e dos meus batimentos cardíacos. Acredito agora irrestritamente nelas, no que Eeman afirmava que elas eram capazes de fazer, e nas muitas curas profundas que esse simples dispositivo foi e é capaz de realizar. Na verdade, eu chegaria a ponto de afirmar enfaticamente, depois de ter experimentado pirâmides, cristais, Circuitos Oscilantes Abertos, diodos, etc., que esse dispositivo talvez possa constituir um dos muito poucos instrumentos existentes hoje no mundo que poderão ser eficazes contra o câncer e até contra a AIDS. A elevada carga interior e o alto nível de vitalidade que eles geram, depois de serem usados apenas uma vez durante um período de cerca de trinta minutos, elevam a vibração e a força vital dentro de cada célula e em todas as células do corpo, produzindo, portanto, sem qualquer sombra de dúvida, um estado de resistência maior com relação a qualquer tipo de distúrbio ou doença.

As duas telas são colocadas uma sob a cabeça e a outra sob os quadris. Durante o tratamento a pessoa segura as alças (a mão direita a da tela inferior, e a esquerda a da tela superior sob a cabeça). O efeito surge quase que instantaneamente quando a ligação é feita. E, como já foi mencionado anteriormente, os sentimentos gerados pelo seu uso, ou seja, bem-estar e plenitude, não se mantêm apenas durante o tratamento, tendendo a permanecer com a pessoa durante todo o dia.

O que é ainda mais insólito é o efeito que ocorre quando as alças são invertidas, ou melhor, trocadas de mão. Os efeitos nesse caso serão totalmente opostos aos obtidos anteriormente. Eeman chama a primeira ligação de "circuito de relaxamento", e a última de "circuito de tensão".

Devido aparentemente a muitas razões ainda não totalmente esclarecidas, cerca de 10% da população (segundo Eeman) apresenta uma completa inversão da sua polaridade (o lado normalmente positivo é negativo, e vice-versa). Isto é responsável pela irregularidade num percentual bastante pequeno de pessoas que experimentam o dispositivo, e explica por que um dos circuitos funciona melhor para algumas pessoas do que para outras. Tudo indica, entretanto, que esse dispositivo seria benéfico para todas as pessoas, independentemente do seu estado de saúde no momento. Até mesmo atletas que praticam rebotes, *jogging*, etc., todos os dias considerariam essas telas uma grande bênção.

Muitos dos que procuraram Eeman para tratamento, eram pessoas que tinham muita dificuldade em ter uma boa noite de sono e que às vezes, efetivamente, não conseguiam dormir. De acordo com o livro de Eeman, as pessoas que receberam o tratamento sofreram fantásticas transformações e conseguiram, num curto espaço de tempo, encontrar a paz e a vitalidade que lhes faltava depois de uma única experiência! Não tenho a menor dificuldade em acreditar nisso por ter experimentado pessoalmente o dispositivo. A quantidade de energia adicional que estava à minha disposição depois do meu tratamento inicial era verdadeiramente extraordinária. Eu gostaria de sugerir que essas telas fossem usadas somente pela manhã ou no início da tarde, e não perto da hora de dormir, pois essa energia adicional poderá tornar muito difícil dormir ou, no mínimo, poderá diminuir as horas de sono necessárias.

Poderá causar espécie, e com toda a razão, o fato de os efeitos alcançados com o uso dessas telas serem tão fantásticos. E, se elas são, de fato, capazes de ajudar uma pessoa a superar as causas fundamentais de tantas doenças diferentes, por que, então, elas não foram mais divulgadas e por que não são aplicadas com mais intensidade? Essa é uma pergunta muito interessante, mas que eu não sei responder. Fico absolutamente atônito com o fato de elas não estarem sendo usadas por mais pessoas. O Circuito de Multioscilação (criado por George Lakovsky) e o Acumulador de Orgônio (criado pelo dr. Wilhelm Reich) são duas outras invenções tremendamente poderosas (ambas curaram incontáveis casos de câncer) que foram reprimidas pelo sistema.

Eu, da minha parte, pretendo continuar a fazer bom uso delas pelo resto da minha vida, e acharia muito difícil acreditar que alguma pessoa poderia deixar de usá-las diariamente depois de ter experimentado seus efeitos, mesmo que apenas uma vez. Essas telas parecem ser um dispositivo de cura muito eficiente nos dias de hoje. A época em que vivemos é realmente excitante.

> "Se Eeman revelou, com seu trabalho, um outro caminho para uma forma benéfica de terapia, como eu, da minha parte, acredito, então ele merece ser ouvido de um modo justo e com atenção. Que o seu método pudesse pretender proporcionar uma panacéia universal para todas as doenças, está, é claro, fora de questão. Creio, contudo, que seu trabalho poderá não só proporcionar um excelente tratamento numa amplitude bem vasta de causas clínicas, mas também que ele resultará, incidentalmente, numa grande ampliação das nossas concepções a respeito da fisiologia e da psicologia humanas."
>
> – Dr. J. Cecil Maby

Outros mecanismos de cristal para a Nova Era

"A radiação orgônica (luz dos cristais) está de fato presente em todos os lugares."

– Dr. W. Reich

Além das idéias já mencionadas em outras partes deste livro – relativas à construção de mecanismos que utilizam os cristais – falarei a respeito de alguns outros que irão, sem dúvida, dar muito o que pensar aos inventores, sejam eles da Nova Era ou não. O primeiro é um Gerador de Ondas ELF (um gerador de freqüência extremamente baixa) que usa um cristal de quartzo transparente suspenso numa espiral "mobius".

Esse dispositivo (que eu já venho usando há alguns anos) é capaz de produzir quaisquer comprimentos de onda (na amplitude de 5 a 20 hertz), sendo na verdade um poderoso gerador de campo de força que amplifica a capacidade intrínseca do cristal de repelir a negatividade. Não há dúvida de que algo desse tipo será o protótipo de máquinas muito maiores e mais poderosas que fornecerão proteção e segurança para aviões, espaçonaves e talvez até cidades inteiras no Espaço, do mesmo modo como os alienígenas que nos visitam, agora vindos de distantes Sistemas Solares, são capazes de projetar um campó de força semelhante ao redor das suas espaçonaves.

Um outro mecanismo de cura alternativa inventado há alguns anos é o dispositivo de Energia Orgônica, criado pelo dr. Wilhelm Reich. A Energia Orgônica é um outro nome para as formas superiores de energia vital. O dr. Reich teve a revelação de que essa energia poderia ser aumentada e condensada num determinado espaço através de um mecanismo que empregasse camadas alternadas de matéria orgânica e inorgânica, como a madeira e o ferro, ou a lã e a palha de aço.

É possível construir um mecanismo de Energia Orgônica que amplie e fortaleça a energia do cristal de quartzo. Esta versão do Acumulador de Orgônio consiste num tubo oco de vidro ou de plástico com cerca de 2,5 cm de diâmetro por aproximadamente 3 m de comprimento, e talvez até mais longo. Colocam-se dentro do tubo camadas alternadas de algodão e palha de aço, começando-se com a matéria inorgânica e terminando com a orgânica. Também se podem usar lã e bolas de papel de alumínio.

Nesse caso, um acumulador com 11, 22 ou 33 camadas será o mais eficiente, embora através de experimentação e testes exaustivos seja possível chegar-se ainda a um outro número que demonstrará maior eficácia para finalidades específicas – como, por exemplo, estimular o crescimento das plantas ou tratar de queimaduras ou de outros males.

Uma vez cheio o tubo com as camadas alternadas, deve-se escolher um cristal de quartzo transparente apropriado, com cerca de 2,5 a 4 cm de comprimento, o qual será inserido numa das extremidades do tubo, selando-se a outra extremidade com fita adesiva. O cristal poderá apontar para dentro ou para fora, mas os resultados alcançados até agora demonstram que o mecanismo funciona melhor quando a ponta do cristal é inserida primeiro, com a base estendendo-se para fora do tubo. A base do cristal é então fixada com fita adesiva.

Para usar esse mecanismo, segura-se a extremidade oposta à do cristal pressionando-a contra a palma da mão direita, ao mesmo tempo que se dirige a energia que emana da extremidade onde está o cristal para uma região do corpo, para uma planta, algum tipo de alimento, etc. Esse dispositivo destina-se a ser aplicado apenas em áreas limitadas, embora funcione bastante bem na determinação das linhas dos meridianos no corpo etérico com o objetivo de estimular ou toda a

MECANISMO DE ENERGIA ORGÔNICA DO CRISTAL

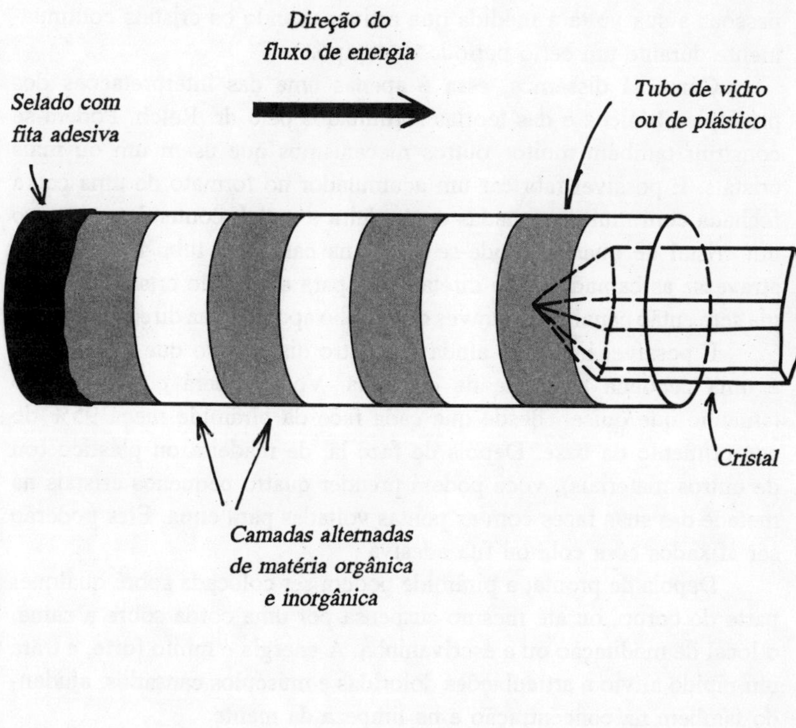

Um tubo feito de material não-condutor é enchido com camadas alternadas de matéria orgânica e inorgânica (bolas de algodão e palha de aço), com um cristal de quartzo transparente numa das extremidades. O cristal é inserido no tubo com as terminações para dentro; depois as duas extremidades do tubo são fixadas com fita adesiva.

linha ou os chakras secundários. Ele também ativará, fortalecerá e estimulará a atividade dos sete chakras principais. Regiões doloridas ou inflamadas também responderão bem a esse mecanismo e à sua energia.

A energia deixa o cristal depois de passar através das sucessivas camadas de material. Se possível, procure deixar aberta a extremidade oposta ao cristal, expondo o material inorgânico em vez de escondê-lo. Experimente diferentes tipos de cristal e confie na sua sensibilidade. Você se tornará cada vez mais sensível a essas energias e às pessoas a sua volta à medida que estiver usando os cristais continuamente durante um certo período de tempo.

Como já dissemos, essa é apenas uma das interpretações dos príncipios básicos e das teorias formulados pelo dr. Reich. Podem-se construir também muitos outros mecanismos que usem um ou mais cristais. É possível fabricar um acumulador no formato de uma caixa fechada com muitas camadas de madeira e metal, contendo no centro um cristal de quartzo. Pode-se afixar na caixa um tubo flexível que atravesse as camadas indo diretamente para a base do cristal. A energia será então canalizada através desse tubo apontado na direção do alvo.

É possível imaginar ainda um outro dispositivo que usa cristais e uma pequena pirâmide de cartolina. Você poderá construí-la do tamanho que quiser, desde que cada face da pirâmide meça 95% do comprimento da base. Depois de fazê-la, de madeira ou plástico (ou de outros materiais), você poderá prender quatro pequenos cristais na metade das suas faces com as pontas voltadas para cima. Eles poderão ser afixados com cola ou fita adesiva.

Depois de pronta, a pirâmide poderá ser colocada sobre qualquer parte do corpo, ou até mesmo suspensa por uma corda sobre a cama, o local de meditação ou a escrivaninha. A energia é muito forte, e trará um rápido alívio a articulações doloridas e músculos cansados, ajudando também na concentração e na limpeza da mente.

Os cristais têm a grande capacidade de acelerar e de estimular o desenvolvimento espiritual da pessoa quando usados durante a meditação diária. Eles provocam a rápida formação de um corpo de luz sutil, de partículas subatômicas em vez de matéria atômica densa (que compõe o corpo etérico e físico de quase todas as pessoas). Este processo de sutilização não só permite que a pessoa se "sintonize" melhor com a Alma, como também lhe fornece mais energia e poder. A maior parte da energia ou vitalidade que temos não se origina, como pensa a maioria, dos alimentos que ingerimos, mas de outras fontes, como a Terra, o Sol, por vezes de pessoas à nossa volta, e de coisas como cristais, pirâmides, etc. O fato de possuirmos um corpo limpo e sutil nos possibilita, portanto, assimilar uma quantidade maior dessa energia vital superior. Comecemos todos, então, a colocar a qualidade do nosso corpo à frente da sua quantidade (forma) à medida que reconstruímos a nós mesmos e à nossa sociedade à Luz da Alma.

EPIGRAMA VIII, ET SEQ.

Quando o gelo alpino, congelado em pedra,
Enfrentou pela primeira vez o Sol, e brilhou como uma jóia,
Nem toda a sua essência pôde a gema vestir;
Algumas gotas reveladoras ainda subsistem no seu útero.
Portanto, com fama engrandecida, crescem seus prodígios,
E fascina a alma o fluxo misterioso da pedra,
Enquanto, guardadas dentro dela desde o início da Criação,
As águas entesouradas acrescentam-lhe um duplo valor.

Repara onde um longo veio translúcido
De cristais mais reluzentes encontra a planície resplandecente
Nenhum violento Bóreas, nenhum penetrante inverno conhece
A fonte oculta, que flui e reflui sempre;
Não há frio que a congele, e nenhuma Estrela Sírio que a siga.
Sua juventude desafia até mesmo o tempo devorador,
Uma torrente livre encerrada numa esfera de cristal,
Uma fonte preguiçosa presa por águas enrijecidas.

Repara como a gema com mananciais nativos espuma,
Como a fonte viva em refluentes remoinhos perambula!
Com o brilhante arco-íris colore o raio oposto
E o inverno enclausurado enfrenta o dia!
Estranha ninfa! Acima de todos os rios, suprema fama,
Gema e, contudo, não gema; pedra e, contudo, fluida torrente.

Há tempos, enquanto o menino, satisfeito com seu claro brilho,
Com dedos suaves girava a esfera de gelo,

Ele observava as gotas encerradas na sua elegante prisão
Poupadas pelo rigor do frio invernal;
Com lábios sedentos ele experimenta a esfera não umedecida,
E a amada corrente com infrutíferos beijos verga.

Torrentes que encarceram uma torrente em prisão semelhante,
Que água era e água permanece,
Que perícia te acorrentou. Através de que maravilhosa força
O gelo congelou em pedra a límpida fonte?
Que calor o cativo protege da brancura do inverno,
Ou que zéfiro quente degela o núcleo congelado?
Dize em que recesso oculto no recôndito da terra,
Prisão de efêmeras marés, tiveste o teu nascimento?
Que poder tua substância fixou com gélido encantamento,
Para depois soltar o prisioneiro em sua cela de cristal?

Perguntas, respostas e comentários a respeito dos cristais

"O silex (quartzo) é uma pedra preciosa cheia de virtudes secretas."

– R. Green, 1595 d.C.

Pergunta: O que faz com que o cristal seja emissor ou receptor?

Resposta: Essa pergunta, assim como a pergunta "Como é possível distinguir um cristal masculino de um feminino?", é bastante supérflua. Ambas dão a entender que é realmente possível traçar uma nítida linha de demarcação entre dois tipos diferentes de cristal. Essa linha simplesmente não existe. Todos os cristais são emissores e receptores de energia vital.

E, embora seja verdade que um cristal possa ser canhoto ou destro, não existe nenhuma base real para a teoria de que existe entre eles uma distinção de sexo. Qualquer cristal pode responder de uma maneira mais favorável nas mãos de uma mulher do que nas de um homem; mas, se for entregue depois a um homem, poderá funcionar ainda melhor.

P.: Faz realmente diferença eu usar o meu cristal apontando para baixo ou para cima?

R.: Sim, faz uma grande diferença. Se decidir usar seu cristal com a ponta voltada para baixo, você será debilitado e enfraquecido por ele. A escolha é sua. Poderá ficar mais caro mandá-lo engastar da forma correta, mas a despesa adicional, se houver, vale de fato a pena.

Agora, depois de saber como isso é importante, você é responsável, quando vir alguém usando incorretamente um cristal, por chamar discretamente sua atenção para o fato de que seria bem melhor se a pessoa o usasse apontando para cima. Expandindo primeiro a nossa consciência, e depois a das pessoas que estão à nossa volta, com o tempo veremos ampliada toda a consciência do planeta – isso tem de acontecer! Mostre a si mesmo e ao seu amigo qual é a diferença, através de testes exaustivos. Veja primeiro por si mesmo, e você nunca mais usará seu cristal com a ponta voltada para baixo.

Esta regra também se aplica aos cristais que você carrega no bolso, na pulseira e na bolsa. Certifique-se de que todos estão apontando para cima, e não para baixo. E se você os levar no bolso, coloque um de cada lado, e não apenas um no bolso esquerdo ou do bolso direito. Essa é outra coisa bastante importante a ser lembrada. Você poderá causar um grande desequilíbrio se essa energia não for adequadamente equilibrada. Os dois cristais que você resolver levar consigo não precisam ser transparentes. Um deles pode muito bem ser uma ametista ou um cristal enfumaçado. O importante é que sejam dois, e não apenas um.

Esse problema de equilibrar a energia dos cristais pode ser evitado se os carregarmos, ou usarmos, no centro do corpo, cuja polaridade é neutra – nem positiva nem negativa. Os problemas decorrentes de usar um ou mais cristais com as pontas voltadas para baixo são muitos; os problemas causados ao se levar apenas um cristal num dos lados do corpo não são tantos, mas mesmo assim existem, e são bastante reais. Os músculos do lado onde está o cristal ficarão excessivamente carregados, deslocando as vértebras, e talvez até o quadril. Uma das pernas poderá ficar mais comprida do que a outra, o que causará muitos outros problemas. É melhor evitar essas complicações lembrando de aplicar a regra geral para o uso de cristais, ou seja: colocá-los no corpo com as pontas voltadas para cima. Use um cristal no centro do corpo, ou um cristal de cada lado do corpo, para um equilíbrio perfeito.

P.: Posso ser prejudicado pelos cristais fabricados pelo homem, feitos de vidro plúmbeo?

R.: Surgiu um grande pânico nos Estados Unidos há alguns anos causado por um grupo no Novo México que supostamente havia criado um grande cristal "mãe", ou do tipo gerador, junto com uma diversidade de cristais menores (todos transparentes e com dupla ponta) dotados do estranho e misterioso poder de absorver a vitalidade dos seus proprietários enviando-a de volta para o cristal gerador. Essa energia era usada pelo grupo que criara o cristal em sessões de magia negra e bruxaria.

Tive a oportunidade de ver pessoalmente cristais desse tipo e também de conversar com membros do grupo que os estavam vendendo. Na minha opinião, em função desse contato pessoal, essa teoria não tem fundamento, apesar de ter feito muitas pessoas hesitarem antes de comprar os cristais, gerando medo e incerteza. Um número bem grande de pessoas passou a evitar os cristais sintéticos por causa disso, inclusive os prismas de vidro plúmbeo. Esses rumores tiveram, portanto, algum resultado benéfico, pois esse tipo de cristal é absolutamente imprestável para a cura e a meditação. Eles não têm praticamente nada a nos oferecer, já que são incapazes de dirigir as energias e forças vitais superiores. Sua estrutura molecular está totalmente errada; estende-se em todas as direções, não estando portanto alinhada como os cristais que ocorrem naturalmente. Eles podem parecer lindos quando pendurados numa vitrine, uma vez que podem projetar uma profusão de belos arco-íris pela sala, mas devem ser deixados exatamente onde estão – na vitrine –, não devendo ser usados nem para a meditação nem para a cura.

P.: Os cristais podem ser usados para anular ou substituir uma radiação nociva dentro do corpo?

R.: Essa é uma pergunta muito importante, que uma quantidade cada vez maior de cientistas terá de examinar à medida que aumente o número de pessoas capaz de perceber os tremendos efeitos de envenenamento causados pela radiação nociva e pelos materiais radioativos à nossa volta. Os cristais distribuem uma energia revigorante, que nada tem de mortífera. Ela é o oposto da radiação nuclear. Na verdade, trata-se de uma forma superior de radiação que pode ser usada para repelir essa forma negativa e inferior de radiação – desde, é claro, que seja usada da maneira correta.

A radiação nociva chega até nós oriunda de muitas fontes diferentes: de aparelhos de televisão em cores, fornos e geradores de microondas, iluminação artificial (algo ainda bastante novo para o homem), aparelhos de raios X, etc. Algumas coisas são conhecidas quanto a seus efeitos a longo prazo. Sabe-se que esse tipo de radiação é cumulativo – armazenando-se no duplo etérico durante muitos anos antes de "repercutir" no corpo físico sob a forma de alguma doença, como a diabetes, os males do fígado ou o câncer.

Fragmentos de ágata ou de obsidiana podem ser colocados diretamente sobre uma fonte de radiação nociva – um aparelho de televisão ou o console de um computador. Ou então cristais de uma só ponta podem ser distribuídos numa configuração triangular em volta deles.

Outro resultado adverso dessa radiação nociva é a esterilidade – que afeta tanto os homens como as mulheres. Um grande número de pessoas do mundo ocidental em idade de ter filhos ficaram estéreis em decorrência dessa radiação e da introdução de um produto químico sintético e narcótico na sociedade há cerca de três gerações – o açúcar branco.

Uma pessoa que tenha recebido uma elevada dose de radiação deveria fazer uso do triângulo de cristais. Ele pode ser aplicado de três a quatro vezes por dia caso haja muita necessidade, com um intervalo de cerca de quatro horas entre os tratamentos. A água energizada com cristais também pode ser bebida, proporcionando grandes benefícios.

A esterilidade pode ser revertida, mas pode levar algum tempo para eliminar a radiação nociva dos corpos etérico e físico, bem como para energizar as espirais de DNA a fim de que seja restabelecido um estado de saúde e de vitalidade. A alimentação desempenha um papel fundamental nesse caso; é importante ter em mente que a luz vermelha do halograma que "lê" os produtos que você come tira-lhes a vitalidade quando passa sobre eles. Essa é apenas uma das muitas coisas que um número cada vez maior de pessoas precisa compreender para que a raça humana continue a existir no século XXI.

P.: Qual o significado de uma forma perfeita de diamante colocada no centro de uma cruz na extremidade de um cristal?

R.: O diamante de quatro faces é o símbolo do Quarto Raio – o Raio da Harmonia através do Conflito. A cruz é o símbolo do Segundo Raio – o Raio do Amor-Sabedoria. Junto com os seis ou mais triângulos sobre a ponta de todos os cristais, eles formam uma "porta" ou passagem através da qual as forças vitais superiores podem derramar-se sobre o plano físico criativo. O triângulo é ainda um terceiro símbolo importante – o do Terceiro Raio – o Raio da Inteligência Ativa.

Coletiva ou individualmente, esses símbolos, quando visualizados durante a meditação, produzirão muitos resultados sem dúvida profundos. A simples visualização de uma cruz ocasionará uma rápida recarga e revitalização dos quatro corpos inferiores durante a meditação. Essas energias estão disponíveis a todos nós, especialmente as energias transmutadoras e inspiradoras do Sétimo Raio. Os Sete Raios do Universo abarcam a energia fundamental, ou mesmo os componentes básicos dos quais emergiram todos os Reinos da Natureza.

P.: Devo mergulhar na água do mar os cristais destinados à cura ou à meditação antes de usá-los?

R.: Os maoris (nativos da Nova Zelândia) têm o hábito muito antigo de colocar suas pedras verdes (jade) na água do mar visando a limpeza e a purificação. Essa prática demonstrou ser de muito valor para eles, e continua a ser realizada até os nossos dias. A água do mar tem aproximadamente 3% de sal. Além dessa, existem muitos outros métodos, técnicas e processos que podem ser usados para eliminar a maior parte das energias, forças, etc., de um cristal. Mas tudo indica que mergulhá-los no sal marinho puro e secado ao sol talvez seja um dos métodos mais amplamente conhecidos.

Caso você decida usá-los, lave primeiro seus cristais com água corrente fria e um sabão suave. Independentemente de você ter ou não achado seus cristais, ou de tê-los herdado ou comprado de uma outra pessoa, eles primeiro precisam ser lavados. Tuesday Lobsang Rampa, ao explicar os fundamentos da contemplação dos cristais (mediante o uso de uma bola de cristal), também defende essa prática. Repetindo, use água corrente e fria, e tenha cuidado para não deixar cair o cristal.

Para serem purificados, os cristais também podem ser colocados num riacho. O fluxo de água corrente ajuda a dissipar as forças e as energias do ambiente à volta deles deixando-os bastante receptivos a serem carregados. Sentar próximo de um riacho também é muito bom para recarregar nossa "bateria", e isso tem o efeito adicional de neutralizar e substituir certas energias nocivas que podemos receber do nosso aparelho de televisão, etc.

Os índios norte-americanos usam uma técnica bastante simples que deve remontar à época da Atlântida. Isso é bem possível, porque os índios já existiam nessa época e formavam uma das muitas diferentes sub-raças que lá se originaram.

Eles tomam um cristal na mão, e simplesmente respiram sobre ele. A respiração contém uma grande carga de força prânica. "E assim a Palavra emanou do Criador e ele viu que isso era bom." Durante a inalação, o oxigênio é energizado por três chakras do corpo – o laríngeo, o cardíaco e o do plexo solar. Essa técnica é por certo uma das maneiras mais rápidas de limpar o cristal e, em última análise, poderá provar que é a melhor. Faça isso antes e depois de trabalhar com seus cristais. Ela também pode ser usada logo antes de você programá-los com funções específicas, como proteção, vitalidade, uma visão penetrante ou uma audição aguçada. Contudo, não faça isso com os cristais que você usa para meditar, pois eles não devem ser limpos. Esses cristais também não devem ser tocados por mais ninguém.

Depois de respirar sobre o cristal escolhido, crie uma forma-pensamento concentrando-se no seu olho mental (situado bem atrás dos olhos). Podemos ver imagens mentais nesse local. Essa área, na verdade, está localizada entre a hipófise e a glândula pineal. É nesse ponto que fazemos nossas criações mentais, embora uma forma-pensamento possa ser composta e projetada praticamente em qualquer lugar.

De qualquer modo, imagine, por exemplo, seu corpo rodeado por uma luz azul-cobalto, enquanto você firma o pensamento: "Sou Invencível e Invulnerável a tudo o que seja inferior à Perfeição." Depois de respirar sobre o cristal, toque-o com a testa e libere esse ponto de atenção. Não fique envolvido com esse pensamento, ou melhor: não o mantenha com você. Deixe-o ir, sabendo que agora ele faz parte do seu cristal. Agora, o seu cristal irá trabalhar para você como programado, quer você o carregue consigo ou o deixe em casa.

Alguns índios ainda colocam cristais programados ao redor de suas casas com as pontas voltadas para baixo na direção da terra. Esses cristais foram carregados com a tarefa específica de desviar ou de absorver todo e qualquer encantamento maligno ou pensamentos negativos enviados na direção dos seus proprietários. Bastões de ônix também funcionarão muito bem para essa finalidade em particular.

Também se pode usar areia negra no lugar do sal marinho para limpar os cristais. Essa areia não pode ficar exposta diretamente à luz do Sol durante vários dias antes do seu contato com os cristais. A areia, na verdade, nada mais é do que quartzo triturado que estava na estrutura "amorfa" e não-cristalina. Como é maravilhoso caminhar numa praia sentindo as correntes quentes da Mãe Terra e do Pai Sol pulsando através do nosso corpo, curando, fortalecendo e energizando cada célula dele.

Porém, não devemos nos esquecer de que a fonte maior e mais elevada de energia purificadora é, na verdade, a Alma. Invoque a Luz Pura e Branca de Cristo, e passe a conhecer diretamente Seu Poder de cura. Ela é dispensada gratuitamente a todos os que a solicitam. A energia segue o pensamento, e o Terceiro Olho orienta essa energia. Torne-se um canal para essa Força Vital. Ela intensificará a energia dos seus cristais estimulando-o, por assim dizer, quando você mais precisar dela. Essa é a beleza dos cristais que só pode ser compreendida através da meditação.

P.: Posso deixar que uma outra pessoa tenha contato com os meus cristais?

R.: Essa é uma boa pergunta, que sem dúvida todos fazem quando começam a trabalhar com os cristais. Eis aqui um bom método a seguir: não permita que seus cristais sejam tocados ou manuseados por certas pessoas. Isso diz respeito a todas as situações e a todos as pessoas. Se você usar a técnica da respiração para limpar e purificar seus cristais antes e depois de usá-los, você não terá nenhum problema com eles.

Caso alguma negatividade tenha permanecido nos cristais, ela será rápida e eficazmente eliminada pela respiração. Eu gostaria de acrescentar aqui que um dos perigos de se usarem jóias antigas –

peças recebidas de parentes ou adquiridas em lojas – é o efeito por vezes negativo das energias colocadas nas pedras durante os momentos de *stress* e de inquietação emocional. Essas energias poderão afetar qualquer pessoa que esteja presente – e nos piores momentos possíveis.

Lave essas jóias, se possível, e mergulhe-as em sal durante pelo menos três dias quando as receber pela primeira vez. Certifique-se então de limpá-las com sua respiração antes e depois de usá-las. Por que permitir que o pequeno acesso de raiva da sua avó no dia do casamento do seu pai há cerca de quarenta anos o afete hoje?

P.: Meus cristais estarão me curando se eu dormir com eles ou se eu os colocar numa formação triangular ao redor da minha cama?

R.: Certamente! Na verdade, muitas pessoas simplesmente não conseguem pegar no sono quando estão perto dos cristais à noite. Você provavelmente precisará também de um número bem menor de horas de sono se os colocar perto de você quando deitar à noite. Já ouvi falar, e também já constatei pessoalmente, que, se os cristais forem colocados na cama, eles se orientarão para as regiões do corpo que estejam precisando de equilíbrio – ou energizando-as ou desvitalizando-as. Se prendermos uma pequena ametista no pulso, poderemos ser capazes de recordar nossos sonhos de uma maneira bem mais completa (um pouco de vitamina B6 e magnésio também farão maravilhas nesse caso).

Diz-se que, se uma pessoa dormir com um cristal de quartzo transparente debaixo da cama e o segurar logo que acordar, também se lembrará muito mais dos sonhos que teve. Entretanto, é somente através da experiência que essa realidade poderá ser constatada de uma maneira absoluta. A energia do cristal pode, na verdade, atrapalhar e inibir uma boa noite de sono, interferindo desse modo com o corpo e a mente, podendo até ser-lhes prejudicial.

Muitas pessoas experimentaram colocar pirâmides ao redor de suas camas, o que resultou em muitas sensações interessantes. Eu particularmente tentei dormir duas noites consecutivas dentro de uma pirâmide feita com tubos de cobre com 12 mm de diâmetro. As faces da base tinham 2,40 m de comprimento, e todas as oito faces eram feitas de tubos de cobre. Estas formavam com a base um ângulo de cerca de 52 graus, e a base estava corretamente orientada para o norte magnético. Nas duas noites foi-me impossível perder a consciência; contudo, pela manhã, eu tinha a sensação de estar renovado e até mesmo fortalecido por um sono profundo. Tive que abandonar a experiência, pois senti que um período de inconsciência era necessário.

Há pessoas que afirmam não terem tido nenhum tipo de problema para dormir dentro de pirâmides. Algumas declaram que dormem melhor e têm menos dificuldade em recordar seus sonhos. Trata-se, em suma, de algo pessoal, que cada um de nós deve testar por si mesmo.

P.: É realmente possível "programar" os cristais para diferentes funções e objetivos? Como isso é feito?

R.: Uma das principais técnicas para alcançar esse objetivo já foi apresentada. Trata-se de algo que não só é possível, mas que fica difícil de ser evitado por todos aqueles que trabalham com cristais. Estes absorvem a energia à semelhança de um disco riscado que repete continuamente a música e as palavras de um sulco até que a energia se dissipe. Deixe para se preocupar, se necessário, em alguma outra ocasião. Faça com que sua meditação cotidiana seja um momento de paz e de alegria, no qual todas as inquietações, preocupações e as pequenas tensões da vida diária são deixadas de lado.

Os índios norte-americanos programavam seus cristais através de ritos especiais nos quais os cristais eram "enfumaçados" sobre o fogo ao ar livre. Madeiras e ervas especiais eram queimadas enquanto entoavam-se mantras, invocações e preces, energizando o éter e imbuindo os cristais de determinados conjuntos de freqüências de energia e, portanto, também de uma função específica, como fertilidade, coragem ou virilidade. O cristal de quartzo transparente pode ser usado para qualquer uma dessas funções, enquanto que o cristal enfumaçado natural está mais organizado para repelir a negatividade e absorver energias inferiores que possam ser endereçadas a nós.

Os cristais também podem ser "sintonizados" com freqüências específicas através do uso do diapasão. Providencia-se primeiro a limpeza do cristal respirando sobre ele ou enviando através dele a Luz de Cristo. Enquanto isso, o cristal é mantido com a ponta voltada para cima, enquanto se faz soar suavemente o diapasão. Este é colocado paralelamente ao cristal, e mantido ali por algum tempo. Melhores resultados serão alcançados se se deixar o cristal em repouso, em vez de segurá-lo enquanto estiver sendo carregado.

Notas ou freqüências diferentes afetarão diferentes centros de energia ou chakras no corpo. Por meio da experimentação, é possível determinar quais as notas que irão beneficiar ou prejudicar cada centro. Isso provavelmente irá variar de pessoa para pessoa, uma vez que não existem dois chakras em indivíduos diferentes que ressoem na mesma freqüência.

Existe uma história nos Estados Unidos a respeito de um índio curandeiro que lançou um feitiço sobre uma pessoa, embora com muito pouco sucesso. Num acesso de raiva por causa da aparente incapacidade de o cristal satisfazer seu desejo, ele o pegou e o despedaçou, atirando-o contra uma pedra. Nesse momento, caiu um raio que o matou instantaneamente. A moral da história é a seguinte: os cristais devem ser respeitados e seu poder deve ser venerado. Além disso, não espere que seu cristal seja igualmente eficaz em todas as situações e em todas as ocasiões. Poderá ser necessário algum tempo e treinamento para que você seja capaz de enviar livremente uma forma-pensamento completa para uma pessoa, em vez de ficar preso a ela por causa da repetição mental e da falta de fé. E lembre-se: aquilo que emitimos, com o tempo volta para nós.

Uma vez programado adequadamente, o cristal poderá continuar a desempenhar determinadas funções em certas ocasiões durante um grande período de tempo, até perder sua programação inicial. Por conseguinte, alguns dos cristais sintéticos criados pelos atlantes ainda estão carregados, e estão na verdade realizando determinadas atividades e funções que neles foram programadas há milhares de anos.

Existe um abade budista no Japão que possui um cristal de cor laranja que ele afirma ser originário de um grupo de alienígenas que visitou este planeta em éons passados. Ele recebeu essa bola de cristal do seu mestre, que por sua vez o havia recebido do mestre dele e assim por diante. De tempos em tempos, essa bola é ativada com um feixe especial de energia, e ela realmente emite palavras e notas. O abade afirma que, com o passar dos anos, tem sido capaz de traduzir os sons numa linguagem, e que consegue agora se comunicar com as pessoas enviando e, aparentemente, recebendo mensagens através dessa bola de cristal. Não há dúvida de que esse cristal (que, provavelmente, é sintético) passou por uma programação bastante extensa para essa função quando foi produzido.

P.: É possível receber uma "dose excessiva" de energia através dos cristais?

R.: Já falamos a respeito de como podem ser perigosos os cristais quando usados da forma errada – o que acontece com freqüência nos nossos dias. Mas também temos o lado oposto da moeda quando eles podem energizar em excesso e, de fato, estimular excessivamente um organismo vivo – seja uma planta, um animal ou um ser humano.

Recebemos amiúde doses excessivas de energia dos cristais, bem como de outros tipos de radiação (benéficas ou nocivas) sem ao menos nos darmos conta do que está acontecendo. Isso pode ocorrer se ficarmos expostos por um tempo excessivo à luz do Sol, ou se permanecermos por um período muito longo perto de uma cachoeira ou de um forno de microondas, ou ainda numa área onde os cristais estejam numa formação triangular. As sensações usuais associadas com isso serão: a sensação de um excesso de energia; o sentimento de estarmos nos exaurindo; uma intensa sensação de frio e formigamento nas mãos e nos pés; um sentimento de desorientação seguido de lapsos de memória, e também tontura.

Caso você tenha suspeitas de que recebeu um excesso de energia, afaste-se rapidamente dos cristais ou altere a sua configuração. Permaneça calmo e procure sentir o excesso de energia saindo sob a forma de amor pelas suas mãos ou pelo seu coração. Envie essa energia para as pessoas no mundo em geral ou para pessoas que possam estar precisando dela. Faça isto também no final de cada meditação enviando a energia para as regiões mais agitadas do mundo, onde a paz e o amor realmente são necessários.

É possível fabricar facilmente um dispositivo especial com um tubo curto de cobre e um pedaço de fio de cobre, que ajudará a ligar à terra e dissipar qualquer excesso de energia que se possa ter recebido em conseqüência do uso dos cristais ou de pirâmides. Simplesmente prenda o pequeno pedaço de fio de cobre na extremidade do tubo de cobre, colocando depois a ponta do fio num copo com água. Segure o tubo na mão direita e sinta o efeito calmante e tranqüilizador que isso produz.

Este dispositivo é maravilhoso para as crianças (e para as mães dessas crianças) que simplesmente parece que não conseguem ficar quietas, bem como para todas as pessoas que têm dificuldade para dormir à noite. Além disso, se você apontar um cristal em qualquer direção, poderá enviar uma tremenda quantidade de energia num curto espaço de tempo. Essa técnica é também excepcional para abaixar uma febre muito alta. O cristal parece extrair o excesso de calor ao mesmo tempo que intensifica sua vibração enviando-a para o éter. Quando fizer alguma dessas coisas, certifique-se de que está segurando o cristal na mão direita ou, como alternativa, em ambas as mãos.

Os cristais podem ser perigosos, meus amigos! Vou continuar a dar esse aviso, com a firme convicção de que ele não será desprezado e que não terá sido feito em vão. Já vi muitas pessoas serem prejudicadas por eles – física, emocional e moralmente. Os cristais trazem à tona determinadas características, atitudes e expressões vitais do nosso íntimo que, de outro modo, poderiam ter ficado adormecidas se o corpo quádruplo não tivesse sido tão intensamente estimulado por eles. Elas são acentuadas e aumentadas a ponto de, se tiverem uma natureza destrutiva e degradante para a Alma e para a sociedade, serem capazes de influenciar adversamente a personalidade de uma maneira que contrarie as diretrizes da alma e a orientação da vida. Determinados centros podem ser – e isso ocorre com freqüência – excessivamente estimulados pelo uso dos cristais. Entre esses centros encontram-se o chakra do sacro e o do plexo solar. A não ser que a personalidade venha a perceber esse fato e a compreender verdadeiramente a sua importância, a pessoa poderá vir a acreditar que suas ações, sentimentos e até mesmo certos pensamentos são normais, adequados e corretos – não apenas para ela mas também para os outros.

Se alguém ficar atordoado durante horas, dia após dia, em decorrência do excesso de estimulação de uma forte dose dessa energia, então esse alguém deveria simplesmente evitar os cristais. Vamos aprender a usá-los corretamente para que não sejam usados de modo inadequado e não tenhamos necessariamente de perder tempo restabelecendo o nosso equilíbrio emocional e mental.

Uma outra maneira de encarar o que acabei de dizer é a seguinte: se os cristais tendem a aumentar e, indevidamente, estimular a sensualidade, a autocrítica, a comiseração de si mesmo e a desconfiança com relação às outras pessoas, não seria melhor a pessoa evitá-los durante um tempo até que consiga ter um controle maior, erguendo-se com mais firmeza na Luz da Alma?

P.: Os cristais que produzimos hoje são semelhantes aos produzidos na época da Atlântida?

R.: Durante essa época, quando não havia apenas uma, mas muitas sociedades diferentes, cada uma vivendo a sua "Idade de Ouro", foram criados cristais através de um processo originário dos nossos Irmãos do Espaço vindos de Sistemas Solares distantes. Na verdade, eles foram de fato os primeiros a produzir esses cristais no nosso planeta, depois de encontrar numerosos suprimentos de matéria-prima em vários pontos do nosso globo.

Os cristais de quartzo transparente eram pulverizados (como ocorre hoje no Arkansas, onde russos e japoneses controlam as minas) e depois combinados com uma pequena quantidade de um outro mineral. Essa mistura era predeterminada pelo tipo, tamanho e quantidade de cristais desejados. Depois de fundida, ela era combinada com cobre e prata e, em seguida, derramada sobre placas de metal gravadas em câmaras especiais. Essas placas eram ligadas a um equipamento de controle eletrônico especial que purificava e aumentava a energia que era proveniente de grandes geradores de cristal. Além de alterar a corrente de energia que pulsava através dessas placas, também havia luzes coloridas especiais usadas para condicionar e controlar ainda mais os tipos de cristal que estavam sendo produzidos. Havia também sons, notas e diferentes tons projetados sobre o magma junto com as luzes coloridas. Os cristais saltavam com relativa rapidez, e não eram em absoluto semelhantes aos produzidos hoje.

Era preciso que a pessoa se submetesse a um treinamento intensivo para poder trabalhar numa instalação desse tipo. O nível de condicionamento mental e de rígida disciplina exigidos para manter a mente sob controle durante as operações, e também quando os cristais começavam efetivamente a tomar forma, era realmente muito elevado.

Esses cientistas assemelhavam-se mais a sacerdotes do que a técnicos bem-treinados.

Depois de serem produzidos, os cristais eram freqüentemente postos debaixo da terra durante um certo período de tempo. Eles eram colocados sobre certas linhas magnéticas de energia que atravessavam a terra, ou "linhas Ley", que os carregavam e alinhavam até certo ponto sua estrutura molecular. Outros cristais eram levados diretamente a máquinas especiais que os condicionavam melhor ainda, alterando-os tendo em vista necessidades específicas.

P.: É preciso que o cristal seja dado como presente para que seja realmente útil na cura de terceiros?

R.: Não, não é, embora existam pessoas que achem isso imprescindível. Muitos índios ainda acreditam que os cristais são os restos mortais de homens que viveram no passado. Essa não é uma idéia tola, se a compararmos com a crença sustentada pela maioria dos europeus até 1750, que dizia que os cristais eram simplesmente água congelada!

P.: Para que servem os agrupamentos de cristais?

R.: Essa é uma boa pergunta, uma vez que são encontrados cristais em agrupamentos que vão de 25 mm^2 a vários metros quadrados em todos os países do mundo. Todos têm o seu valor, mesmo que apenas como peças ornamentais. E eles não devem ser encarados meramente como pedras inúteis. Embora os agrupamentos de cristais de quartzo sejam os mais versáteis de todos, a ametista e o quartzo enfumaçado também têm sua utilidade.

Os belos agrupamentos de quartzo enfumaçado absorvem e neutralizam, até certo ponto, a radiação nociva e a negatividade que existe ao seu redor. Eles podem ser colocados sobre os aparelhos de televisão ou fornos de microondas e precisam ser freqüentemente limpos à luz do Sol – ou seja, à luz direta do Sol. Como todos os cristais, eles também têm um valor excepcional nos dias de hoje à medida que o interesse por eles, e por conseguinte também o seu preço, praticamente duplica de dois em dois anos.

Os agrupamentos de ametista são adequados para a meditação e para acalmar e confrontar as emoções. Eles geram tranqüilidade e restabelecem uma sensação de paz e de ordem, permitindo que a pessoa se harmonize com a sua Alma, tornando-se mais sensível à sua orientação e impressões. Eles também são úteis para equilibrar os poderes psíquicos inferiores e indesejáveis, originados muitas e muitas vezes de um plexo solar excessivamente atuante.

Os agrupamentos de quartzo alaranjado ou "madeira" são em geral (quer dizer, cerca de 90% das vezes) simplesmente agrupamentos de ametista que foram colocados durante várias horas num forno a 400°C. Essas pedras têm a sua cor violeta original mudada para o laranja devido ao calor. Eu gostaria também de salientar que você nunca deverá expor seus cristais de ametista diretamente à luz do Sol, pois ficarão desbotados. Você pode e deve fazer isso periodicamente com os cristais transparentes e com os enfumaçados, mas jamais com a ametista. Um comentário adicional é que, uma vez tratado pelo calor, o quartzo amarelo apresentará efeitos levemente diferentes, embora ainda exiba parte do poder da ametista de transmitir paz e tranqüilidade.

Quer você escolha um cristal transparente, enfumaçado, ou uma ametista para meditar, deverá sempre segurar os cristais com ambas as mãos e com a ponta voltada para cima. O enfumaçado afetará o corpo mental, trazendo paz e equilíbrio para a mente, ajudando a concentração e capacitando a pessoa a focalizar melhor a mente em problemas pendentes. A ponta jamais deverá estar voltada para baixo, a não ser que exista um excesso de energia e/ou a pessoa queira dormir rapidamente.

Os cristais de quartzo transparente podem ser usados de tantas maneiras diferentes que chega a causar confusão. Podem ser usados para fazer o "chá solar", onde se colocam três cristais de uma só ponta ou um agrupamento de cristais numa jarra de vidro transparente cheia de água e o chá favorito da pessoa. A jarra é colocada na luz direta do Sol durante todo o dia, e é importante que ela não seja exposta à luz da Lua (que é um planeta morto). Depois de exposta por um dia à luz do Sol, acrescenta-se à jarra um suco fresco de limão ou de lima e um pouco de mel natural como adoçante. A mistura então pode ser colocada na geladeira para esfriar ou deixada à temperatura ambiente durante um ou dois dias para fermentar. Esse é o melhor chá do mundo, muito refrescante e agradável. Espero que cada um de vocês o experimente pelo menos uma vez para averiguar o que digo, por si mesmo. Se usarem chá preto ou chá verde, o ácido tânico e a cafeína serão reduzidos ou completamente eliminados, e as qualidades terapêuticas do chá serão aumentadas.

Os cristais de quartzo transparente também podem ser colocados dentro de casa, aliás, em cada aposento, para purificar a atmosfera, eliminar seus íons positivamente carregados e acrescentar-lhe íons negativamente carregados – pois estes últimos são extremamente benéficos para a saúde e o equilíbrio emocional. Esses agrupamentos estabelecerão seus próprios campos de força que visam repelir a negatividade endereçada ao seu lar e ajudarão a vitalizar e a alegrar a atmosfera do local. Eles também podem ser colocados sobre aparelhos de televisão em cores, ou em terminais e consoles de computador para neutralizar a radiação projetada por eles. Use o seu pêndulo ou faça o teste muscular para determinar a quantidade de radiação que eles neutralizam.

Esses agrupamentos também podem ser colocados sobre ou dentro da geladeira para realçar o sabor dos alimentos e das bebidas, e também para aumentar a qualidade da comida. Nesse caso, uma pirâmide terá o mesmo efeito, sendo talvez até melhor para realçar o valor dos alimentos e para transmutar quaisquer venenos ou produtos químicos indesejáveis que eles possam conter. A base da pirâmide deverá ser ligeiramente maior do que os lados. As arestas laterais devem ter 95% do comprimento das arestas da base. A propósito, o ângulo da Grande Pirâmide de Quéops, assim como o de outras pirâmides semelhantes, é igual ao ângulo das faces de qualquer cristal de quartzo. Os antigos compreendiam o estado de perfeição alcançado pela Natureza na sua grande sabedoria, e simplesmente adaptaram esse conhecimento aos seus objetivos.

Os agrupamentos de cristais de quartzo têm grande valor. Não subestimem o seu poder. A energia e o poder são na verdade aumentados pelo grande número de cristais em qualquer agrupamento particular. Dedique algum tempo a examinar um agrupamento de pequenos cristais. Isso pode representar por si mesmo uma grande meditação. As pontas menores apresentam um estado de perfeição amiúde perdido nos maiores.

P.: Já vi cristais lapidados no formato de pequenas pirâmides. Isso aumenta o seu poder? E o que o senhor tem a dizer a respeito dos formatos redondos?

R.: Os antigos atlantes perceberam que a Natureza, através de milhões de anos de experimentação, havia produzido a forma perfeita, e é exatamente isso que encontramos no reino mineral. Os cristais de fluorita na realidade nada mais são do que duas pequenas pirâmides, uma em cima da outra; contudo, esse cristal, em virtude da sua estrutura molecular, não tem uma capacidade tão grande de reduzir as energias vitais superiores. Na verdade, o cristal de fluorita, à semelhança da ágata, do jaspe e da obsidiana, absorve a força vital em vez de irradiá-la.

Ao lapidar cristais de quartzo transparente na forma de pirâmide, a pessoa está levando a Natureza a dar um passo à frente, expandindo o seu uso através de sua aplicação na cura. Podemos verificar, através do teste muscular, a diferença relativa de poder e eficácia entre os cristais naturais e aqueles lapidados em diferentes formatos.

Para cada um dos sete Raios do Universo existem determinados sinais, formatos e símbolos. Como mencionei anteriormente, a cruz corresponde ao Segundo Raio; o triângulo, ao Terceiro Raio; o círculo com um ponto no centro corresponde ao Primeiro Raio – o Raio da Vontade e do Poder. A esfera também pode representar a energia desse Raio. Com isso em mente, poderíamos pensar que os cristais lapidados em forma de esferas – ou seja, as bolas de cristal – apresentariam energias fora do comum e bastante poderosas, mas isso normalmente não ocorre, pois na verdade a energia em geral é reduzida, não tendo uma direção específica quando comparada com a energia de um cristal não-lapidado.

P.: Como os antigos usavam seus cristais durante os serviços especiais?

R.: Quando os primeiros arqueólogos finalmente conseguiram entrar na Grande Pirâmide de Quéops, encontraram uma pilha de cristais de quartzo cujo tamanho e formato eram extraordinariamente semelhantes. A maior parte deles, e talvez tudo o que foi descoberto ali, foi imediatamente enviado para o Museu Britânico em Londres.

Foi em Londres, no porão desse renomado museu de fama mundial, que teve lugar a reencenação de uma cerimônia muito antiga – na verdade, uma iniciação. Esta é uma cerimônia que poderá ''despertar'' alguma lembrança em alguns leitores.

Os arqueólogos que haviam descoberto esses cristais pensavam que eles poderiam ter estado envolvidos em algumas cerimônias bastante importantes, mas não tinham certeza de como exatamente eles eram usados. Os cristais foram encontrados numa pilha, um tanto ou quanto em desordem, como se tivesse havido um movimento violento para dispersá-los, ou como se alguém os tivesse deslocado deliberadamente para causar confusão a respeito do seu uso no passado. Esses arqueólogos também adivinharam corretamente mais uma vez, quando os reagruparam sob a forma de uma pequena pirâmide, julgando que tivessem sido empilhados originalmente dessa maneira.

Para encurtar a história, um dos cientistas mais audaciosos teve a ''brilhante idéia'' de ordenar os cristais de modo a ficar completamente rodeado por eles. Decidiu-se controlar sua pulsação e suas ondas cerebrais durante o experimento para verificar o que iria acontecer.

O que aconteceu (no momento em que o último cristal era colocado no lugar) foi que campainhas começaram a tocar e luzes de alerta começaram a piscar, indicando que o coração e as ondas cerebrais do bravo cidadão inglês haviam parado e que ele, na verdade, estava morto! Tinham transcorrido apenas três minutos desde o instante em que ele entrara na pirâmide até o momento em que o último cristal fora colocado no lugar.

É desnecessário dizer que os outros cientistas que acompanhavam a experiência, tão logo se deram conta do que estava acontecendo, correram o mais depressa possível para tirar o amigo do túmulo de cristal. Uma vez removido, e depois de receber oxigênio puro, massagem no coração, etc., ele lentamente voltou a si, recobrando finalmente os sentidos para grande alívio dos seus amigos.

Ele declarou mais tarde que os momentos que passara dentro da pirâmide de cristal tinham sido os mais jubilosos da sua vida e que se sentira simplesmente ''derretido'', por assim dizer, num profundo e completo transe, e depois se sentira como se estivesse abandonando o corpo e ascendendo numa grande Luz Branca, quando, de repente, deu consigo sendo violentamente arremessado de volta ao corpo enquanto seus amigos tentavam ressuscitá-lo.

Esse experimento foi realizado no início da década de 60. Esperamos que num futuro próximo sejam feitas outras experiências com esses cristais (que são, sem dúvida, sintéticos).

A maioria dos crânios de cristal encontrados na América do Sul também eram usados em cerimônias especiais, mas não para fins de iniciação ou de energização, mas com o objetivo de canalizar informações, conhecimento, etc., das esferas espirituais para a esfera física. Todas as grandes civilizações do passado usavam os cristais – e os maias, os incas, os olmacs, etc., não constituíam uma exceção. Até mesmo hoje em dia os gemólogos não têm qualquer idéia de como esses crânios eram feitos, uma vez que não apresentam marcas e, obviamente, não eram fabricados com nenhuma forma de tecnologia atual.

P.: Por favor, fale um pouco mais a respeito do uso dos cristais em formações triangulares.

R.: Esses três cristais (que, aliás, não precisam necessariamente ser do mesmo tamanho ou formato) devem ser colocados numa formação triangular com as pontas voltadas ou para o Sul ou para o Norte. A direção não precisa ser exata, apenas aproximada. Os cristais com duas pontas, assim como os enfumaçados ou a ametista, não funcionarão nesse caso.

Eles precisam estar suficientemente afastados um do outro para que você possa se sentar ou deitar no interior do triângulo por eles formado. Uma vez dentro do perímetro do triângulo, é importante não tocá-los.

Sua cabeça (ou suas costas, caso você esteja sentado) deverá estar voltada para o Norte e, mais uma vez, os três cristais deverão apontar nessa mesma direção, estando paralelos uns aos outros. É melhor, embora não seja absolutamente necessário, que ao assentar os cristais você posicione primeiro o cristal que ficará próximo à sua cabeça ou aos seus pés, e depois os outros dois.

Você não deverá permanecer na área do triângulo por mais de 25 minutos de uma só vez, já que certamente receberá uma dose excessiva de energia dos cristais causada pela prolongada exposição aos mesmos. Essa energia está em todos os lugares e é absorvida pelos organismos vivos. O resultado do recebimento desse excesso de energia é a desorientação, a confusão e o desequilíbrio, ocorrendo ainda a confusão espacial. Caso isso venha a ocorrer, é melhor que você simplesmente fique sentado fora do triângulo durante alguns minutos antes de retomar suas atividades cotidianas.

Poderiam ser realizadas com segurança duas ou, talvez, três sessões por dia, mas certamente não mais do que isso. O número de sessões será sempre determinado pela pessoa que a elas estiver se submetendo. E os resultados obtidos serão definidos pelos seguintes elementos: o tamanho dos cristais, o grau de combinação entre eles, o tempo passado dentro do triângulo, além de um grande número de outros fatores (alguns conhecidos e outros não).

Devem-se expor periodicamente os cristais à luz direta do Sol para limpá-los e carregá-los. A freqüência com que isso deve ser feito depende diretamente da assiduidade com que são usados.

P.: Existe uma maneira simples e direta de gerar um poder utilizável a partir dos cristais?

R.: Há muitas maneiras de fazer isso. Acredite ou não, inúmeros dispositivos foram construídos nos últimos oitenta anos com a capacidade de absorver e de reduzir as energias vitais superiores que existem ao nosso redor. Esses dispositivos, por razões não muito difíceis de imaginar, não foram amplamente divulgados nem desenvolvidos.

Se aplicarmos sobre um cristal uma pressão de uma tonelada, serão gerados cerca de 10.000 volts, mas essa força não é utilizável.

Marcel Vogel (um dos mais famosos inventores e cientistas na pesquisa do estudo dos cristais) realizou uma interessante experiência na qual um grupo de pessoas colocava uma das mãos num cristal de quartzo transparente ao mesmo tempo que segurava com a outra um fio de cobre desencapado ligado a um medidor eletrônico extremamente sensível. O cristal também estava ligado ao outro pólo do medidor para completar o circuito.

Quando se pedia às pessoas que meditassem e procurassem sentir a energia fluindo através do cristal, havia uma resposta imediata no

CONFIGURAÇÃO PARA A CURA EMOCIONAL

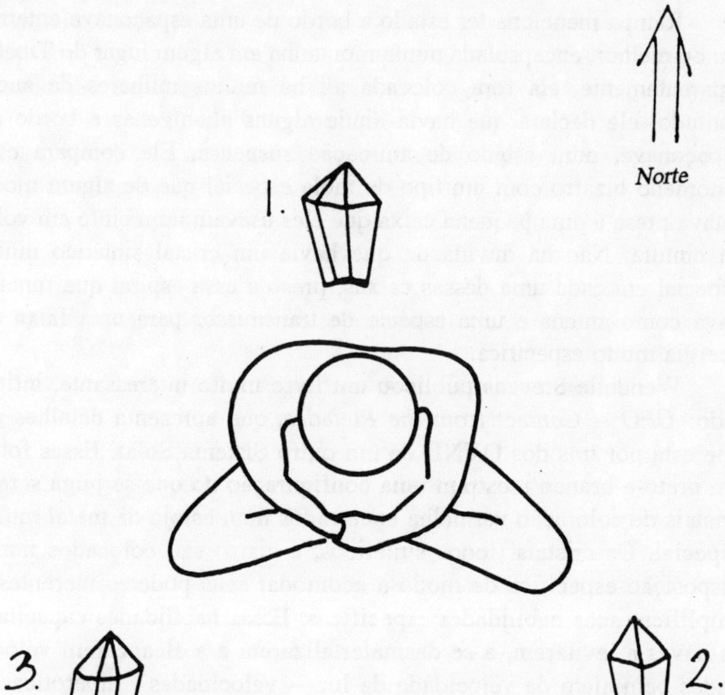

Nota – Os três cristais apontam na mesma direção. O paciente poderia segurar um grande cristal de ametista para conseguir uma cura mais rápida. Se ele segurasse um grande cristal enfumaçado, estaria beneficiando enormemente o seu corpo mental. Os números indicam a ordem na qual os cristais devem ser colocados ao redor do paciente.

medidor. O medidor, devo acrescentar, também estava conectado a um conjunto de molas de suspensão de automóvel para amplificar essa energia, o que efetivamente ocorreu.

Rampa menciona ter estado a bordo de uma espaçonave enterrada, ou melhor, encapsulada numa montanha em algum lugar do Tibete. Aparentemente, ela fora colocada ali há muitos milhares de anos; contudo, ele declara que havia ainda alguns alienígenas a bordo da espaçonave, num estado de animação suspensa. Ele compara este fenômeno bizarro com um tipo de mola especial que de algum modo estava presa a uma pequena caixa que eles usavam num cinto em volta da cintura. Não há dúvida de que havia um cristal sintético muito especial em cada uma dessas caixas, preso a essa espiral que funcionava como antena e uma espécie de transmissor para uma faixa de energia muito específica.

Wendelle Stevens publicou um livro muito interessante, intitulado: *UFO – Contact from the Pleiades*, que apresenta detalhes do que está por trás dos OVNIs de um outro Sistema Solar. Essas fotos em preto-e-branco mostram uma configuração do que se julga serem cristais de coloração vermelha encerrados num estojo de metal muito especial. Os cristais (todos sintéticos, é claro) são colocados numa disposição específica de modo a acomodar seus poderes inerentes e amplificar suas habilidades específicas. Essas habilidades capacitam as naves a levitarem, a se desmaterializarem e a alcançarem velocidades bem além da velocidade da luz – velocidades "hiperóticas". Não há dúvida de que em alguma ocasião no futuro nós também teremos naves assim maravilhosas que usarão o mesmo tipo de cristais com a sua energia. Contudo, muitos princípios básicos de funcionamento a respeito do cristal de quartzo terão que ser assimilados primeiro.

Foram realizadas experiências em Fênix, no Arizona, há alguns anos (por volta de 1981, para ser mais exato) que giravam em torno da construção de um novo tipo de bateria composta de quartzo triturado, prata e cobre. Era uma bateria aparentemente tão poderosa que se fundia caso ocorresse um curto-circuito, ou seja, se fosse ligada a si mesma. Produzida com sucesso, essa bateria, dividida em cápsulas grandes ou pequenas, dependendo da quantidade de corrente necessária, poderia ser usada num carro, numa casa ou numa espaçonave, fornecendo uma quantidade infinita de energia disponível. Essa bateria chamava-se Bateria Electrinium. É de se esperar que logo surjam mais experiências dessa natureza para que todos possamos usufruir essa energia limpa, segura e gratuita.

Os cristais usados pelos atlantes para gerar energia eram enormes em comparação com os que produzimos hoje em dia. Alguns escritores da Nova Era dizem que eles chegavam a ter 4,5 m de comprimento por 1,5 m de largura. Isso não é muito difícil de acreditar, uma vez que um dos maiores cristais de quartzo transparente já encontrados pesava mais de 1,5 ton e foi encontrado no município de Diamantina, no Brasil, em 1938.

Esses enormes cristais da Atlântida eram colocados em edifícios bem semelhantes aos nossos observatórios de hoje e acondicionados em estantes giratórias de modo a receber a quantidade ideal de luz solar. A energia que recebiam era enviada para diferentes mecanismos elétricos, e depois para os lares e os campos.

Os cristais eram enterrados ao redor do perímetro de enormes lotes de terra e energizados de tempos em tempos para influenciar as plantas que estavam sendo cultivadas. Esses cristais também inibiam os elementos destrutivos das condições atmosféricas, inclusive a geada e os períodos de intenso congelamento, além de controlarem também a quantidade de chuva que caía em qualquer região específica da terra.

O dr. Wilhelm Reich construiu um dispositivo semelhante ao que os atlantes devem ter usado nas suas máquinas de controlar o tempo. Esse dispositivo atrairá ou repelirá nuvens carregadas de preciosa chuva, algumas vezes a centenas de quilômetros de distância. É uma pena que os governos do mundo ainda não tenham feito uso dele para atender às multidões que tanto precisam de alimento.

P.: O que ocasiona o enfumaçamento dos cristais? Essa característica pode ser alterada?

R.: Muitos livros afirmam que ela se deve a bolhas microscópicas de dióxido de carbono líquido. Contudo, em outros livros que tratam dos cristais e dos seus diversos usos, afirma-se que o enfumaçamento talvez se deva à presença de um outro elemento além dos átomos básicos de silício e oxigênio. Não importa o que seja, ela muda com o tempo, e alguns cristais tornam-se mais transparentes e outros mais opacos.

Existe entretanto uma coisa definida: os cristais de quartzo transparente bem pequeninos são sempre perfeitos e raramente apresentam qualquer opacidade visível. Aparentemente, a estrutura do cristal como um todo – pelo menos a dos maiores – está um tanto ou quanto desalinhada, o que resulta num campo desordenado de energia.

Se aceitarmos a suposição básica apresentada pelos grandes mestres esotéricos até os nossos dias, ou seja, a de que toda matéria é apenas uma composição de três tipos de fogo – o fogo pela fricção, o Fogo Cósmico e o fogo Elétrico Azul – e também que os cristais realmente transparentes são aqueles que têm esses três fogos em perfeito equilíbrio, é válido então supor que existe um desequilíbrio, talvez até mesmo a ausência de um ou dois desses fogos. Isso poderá finalmente demonstrar ser válido pois, com o passar do tempo (quando meditamos com um cristal nas mãos) o cristal enfumaçado poderá tornar-se mais transparente, o que acontece amiúde. Entretanto, também existem, é claro, cristais "totalmente transparentes" que com o tempo passam a apresentar certa opacidade. Em última análise, esse fato poderá confirmar ainda mais a teoria se pudermos acreditar que estamos simplesmente extraindo, e não acrescentando, um determinado tipo de fogo ao cristal.

Aonde tudo isso está nos levando? Existe uma coisa certa, ou seja, que a luz que passa através de um cristal de quartzo transparente não está sendo absorvida ou alterada de maneira alguma, indicando que não existe realmente nenhuma necessidade, pelo menos da parte do cristal, de uma quantidade maior de energia/matéria para atingir um estado de relativo equilíbrio. O vidro é transparente; contudo, não tolera que as freqüências ultravioleta e infravermelha passem através dele, não sendo portanto um elemento completo.

Esperamos poder ter num futuro próximo máquinas capazes de purificar essas belas obras da Natureza. Elas terão, contudo, que absorver e irradiar uma freqüência de energia bastante elevada para que, de alguma maneira, possam ser eficazes.

P.: Ouvi dizer que os cristais podem ser usados para anular os efeitos nocivos das obturações nos dentes. Como isso pode ser feito?

R.: As obturações a que você está se referindo são os amálgamas de prata que contêm mais de 50% de mercúrio, e também a maior parte das obturações a ouro, as quais, lamentavelmente, contêm, além do mercúrio, outros metais pesados bastante tóxicos que poderão vazar com o tempo. Os dentes assemelham-se aos olhos e à coluna vertebral, bem como às mãos e aos pés, pelo fato de existirem neles terminações de meridianos. Isso faz parte do estudo da reflexologia. No entanto, poucos sabem dessa particularidade em relação aos dentes.

Conseqüentemente, se uma pessoa tem uma ou várias obturações, a região correspondente do corpo poderá nunca vir a ser tão forte quanto seria se não houvesse a interferência de uma cárie. Na verdade, a cárie pode ter surgido exatamente por causa de uma fraqueza (em alguma ocasião) na área do corpo que corresponde ao dente afetado. Independentemente disso, existe uma técnica que usa o quartzo de cristal transparente para neutralizar os efeitos nocivos dessas obturações.

Essa técnica requer a colaboração de duas pessoas: o paciente e uma outra que segura o cristal na mão direita. É preciso aqui uma boa dose de paciência, uma vez que cada obturação precisa ser tratada individualmente, e o progresso realizado deve ser verificado repetidamente através do teste muscular durante o processo. O teste muscular é realizado verificando-se a resistência de um ou de mais músculos, geralmente do braço ou da mão, se a pessoa estiver fazendo o teste sozinha. Se estiver com um companheiro, a pessoa estende o braço direito e faz força para resistir a uma pressão para baixo que a outra pessoa exerce sobre esse braço. A mão esquerda repousa sobre o plexo solar para completar o "circuito". Uma resistência firme e forte a essa pressão para baixo é indicação de uma resposta afirmativa; enquanto que uma resposta fraca ou uma pequena resistência é sinal de uma resposta negativa.

A pessoa que está segurando o cristal direciona sua ponta (neste caso, sempre se usa um cristal de quartzo transparente de uma só ponta) para a obturação em questão. A energia é canalizada através do cristal na direção do dente, embora sem tocar os lábios do paciente. Isso pode ser feito durante um curto período de tempo ou pode levar vários minutos. A pessoa que segura o cristal, à semelhança do que ocorre na Técnica de Cura norte-americana, não está servindo de canal a nenhum segmento da sua própria energia, mas sim às forças superiores do amor da Alma.

Somente através do teste muscular, pedindo conscientemente a eliminação da energia negativa de uma determinada obturação (ou pelo uso do pêndulo), é que é possível ser bem-sucedido nesse caso. Mais uma vez, verifique duplamente suas respostas antes de avançar para o dente seguinte, e tenha a confiança de que o que você está fazendo vai ter um importante resultado na saúde da pessoa que está sendo tratada.

Existe outra técnica, na verdade um exercício de cura através da polaridade, que também ajuda a eliminar as energias negativas por meio da neutralização das energias nocivas e, por conseguinte, os efeitos das obturações de metal. Você deverá executar a técnica deitando-se de costas com a cabeça apontando para o Norte. Suas mãos são entrelaçadas e colocadas sobre o rosto, com as palmas voltadas para fora. Seus dedos mínimos são colocados sobre a região do terceiro olho e seus polegares na reentrância do maxilar. Você deve manter a boca aberta, sustentando essa posição por cerca de dez minutos.

Esse exercício, acrescido da técnica do cristal, demonstrará ser extremamente eficaz. A única alternativa conhecida é a total remoção e substituição das obturações por outras de plástico ou de porcelana. E, uma vez removidas as antigas obturações, poderá levar algum tempo para que todo o veneno seja eliminado do corpo (a abobrinha e a vagem serão úteis neste caso).

P.: Ouvi dizer que os cristais podem ser usados para estimular o crescimento das plantas. Como isso é feito?

R.: Essa é uma pergunta muito importante, que está despertando o interesse de um número cada vez maior de agricultores. Tudo indica que os russos estão à frente do resto do mundo nesta área, uma vez que estão tratando quase todas as sementes com formas superiores de energia vital e realizaram muitas experiências bem-sucedidas com *lasers* e outras diferentes formas de luz para influenciar o crescimento das plantas.

As plantas – seja apenas uma delas ou toda uma plantação – podem ser enormemente influenciadas pela energia absorvida e irradiada pelos cristais desde o estágio de sementes até a ocasião em que alcançam a total maturidade. Pés de tomate foram cultivados na mais completa escuridão com o uso dessa energia vital superior e produziram frutos totalmente maduros! Essa técnica precisa ser mais bem investigada à medida que há uma demanda cada vez maior de alimentos por parte das pessoas.

As sementes tratadas com sucesso pelos cristais germinam muito mais rápido do que as outras, gerando uma produção cerca de 20 a 25% maior do que a normal. Mas é preciso tomar cuidado com o tempo de exposição, para não matar as sementes.

Para fazer o tratamento prévio das sementes, crie uma formação triangular com três cristais de quartzo transparente apontando para o Sul. Coloque as sementes dentro dessa área, deixando-as aí durante cerca de trinta minutos – e nunca por um período de tempo mais longo. Elas também podem ser colocadas perto de um único cristal por vários dias, ou junto da extremidade ou lado sul de um forte ímã para receber o mesmo tratamento. Esse processo pode ser repetido mais de uma vez, mas em geral uma vez é suficiente. Consulte o seu guia astrológico para determinar os melhores dias para plantar, aplique o tratamento nas suas sementes e plante-as no mesmo dia. Entretanto, caso não possa plantá-las imediatamente, não se preocupe, pois elas permanecerão potencializadas durante um longo tempo. Se possível, acondicione-as em envelopes de papel de alumínio durante o tratamento. Num futuro não muito distante, todas as sementes serão tratadas dessa maneira. As sementes encontradas nas Grandes Pirâmides ainda germinam depois de ficarem armazenadas por três ou quatro mil anos.

É possível alcançar resultados positivos dispondo formações triangulares ao redor de plantas doentes. Mais uma vez, contudo, como no caso das sementes, fique atento ao tempo de exposição, e não ultrapasse nunca os trinta minutos. Pode-se repetir o tratamento no mesmo dia, desde que se deixe entre eles um intervalo de pelo menos quatro horas.

Os circuitos oscilantes abertos (pedaços de fio de cobre desencapado vergados em forma de anel) também são fantásticos para influenciar positivamente a saúde das plantas bem como a qualidade e a

O CIRCUITO OSCILANTE ABERTO (COA)

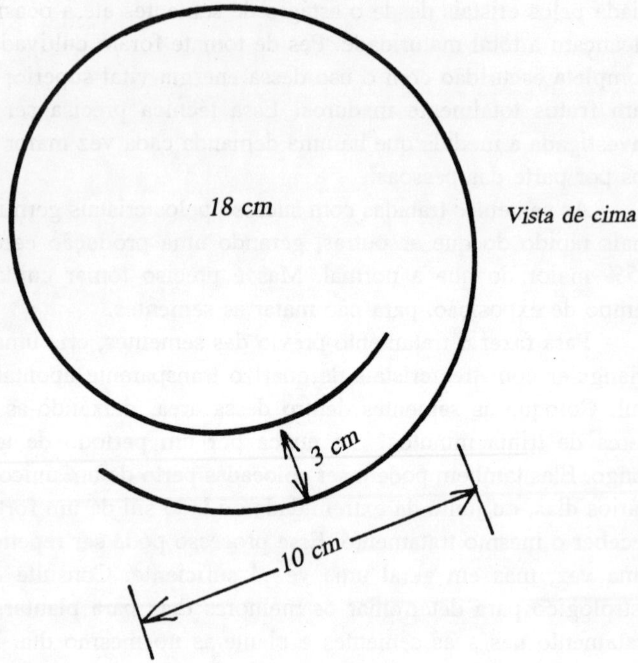

Um fio de cobre desencapado vergado em forma de anel com as extremidades paralelas e sobrepostas em 10 cm ou mais. O anel tem uma largura de pelo menos 18 cm e suas extremidades são fixadas a uma distância de 3 cm uma da outra. Esse dispositivo é suspenso ao redor de uma planta por meio de um material orgânico como um barbante ou uma tira de couro. Pode-se usar também uma estaca de madeira para manter as extremidades afastadas uma da outra em exatamente 3 cm.

quantidade da sua produção. As extremidades do fio de cobre são sobrepostas de modo a que fiquem paralelas uma à outra e afastadas em cerca de 3 cm. O anel deverá ter pelo menos 18 cm de largura com as extremidades sobrepondo-se, no mínimo, em 10 cm. Podem-se construir também COA maiores para árvores grandes com a finalidade de ajudá-las a combater as doenças, repelir os insetos, etc.

Todos os COA devem ser suspensos por pedaços de material orgânico, e não de metal. Couro, barbante, náilon, etc., darão bons resultados. Esses dispositivos também podem ser mantidos no lugar por meio de estacas de madeira.

A água com que as plantas são regadas também pode ser energizada e potencializada pelo uso dos cristais. A água intensificará o crescimento e a quantidade de sementes, de frutos, etc., que a planta normalmente produziria. Existem três maneiras pelas quais a água pode ser energizada. A primeira envolve simplesmente a colocação de um ou três cristais de quartzo transparente numa jarra de vidro cristalino, expondo-se a seguir a água da jarra à luz solar direta. Os cristais podem ser retirados no final do dia e a água deve ser resfriada antes de ser derramada ou borrifada sobre as plantas.

O segundo método de energizar a água por meio de cristais envolve o uso de dois cristais de quartzo transparente de formato e tamanho bastante semelhante. Dois ímãs de igual tamanho e força também podem ser combinados neste caso, apresentando bons resultados. Os cristais são presos com fita adesiva, um defronte ao outro, na mangueira do jardim, no sistema hidropônico ou mesmo num regador de plástico. É preciso que eles apontem para direções opostas, mas que estejam paralelos e de frente um para o outro. A água passa através do campo magnético dos cristais, sendo polarizada no nível etérico – e não no físico.

Com esse método, como já foi mencionado, também é possível associar dois ímãs posicionados um pouco antes dos cristais de quartzo transparente. Os ímãs e os cristais não se devem tocar, e, uma vez seguros firmemente no lugar, ambos os conjuntos devem ser envolvidos com couro. O couro é um isolante das energias vitais e concentrará o campo magnético produzido. Mais uma vez quero lembrar que os ímãs são colocados antes dos cristais, polarizando assim a água em primeiro lugar e, depois, os cristais a elevam a um nível de energia maior.

A água polarizada é usada em muitos hospitais da Rússia e de certos países europeus. Todas as funções curativas do corpo são aceleradas e fortemente estimuladas através do uso da água polarizada. Essa técnica intensificará enormemente a qualidade e o ritmo de crescimento de todas as suas plantas. Elas lhe agradecerão por isso.

Existe ainda um último método para energizar a água através dos cristais, que é o seguinte: procure colocar três cristais dispostos numa formação triangular ao redor de um recipiente com água. Quer se trate de uma jarra de 5 l ou de um reservatório de 20.000 l de água, esta última ficará energizada e conservará a energia durante um longo tempo. O mesmo vale também para a água polarizada. Uma vez adquirida esta propriedade, ela simplesmente a retém.

Existe uma forma de afetar enormemente a saúde das árvores, intensificando e fortalecendo tanto a sua aura como o seu ritmo de crescimento. O método envolve o uso de um único cristal de uma ponta e um pedaço de barbante. O cristal é simplesmente amarrado em volta da árvore, com a ponta voltada para cima, numa altura que varia de 1 m a 1,30 m acima do chão. O ponto no qual o cristal é amarrado é muito importante. As árvores, como tudo o mais, possuem um lado positivo e um negativo. Elas também têm uma zona neutra denominada "Umbral". É ao longo dessa zona, que corre da raiz pelo tronco, que o cristal deve ser preso. Esse local pode ser determinado em cada árvore com o emprego de um pêndulo, de varinhas rabdomânticas e do teste muscular. Pode dar um pouco de trabalho, uma vez que ele não está simplesmente no lado sul ou norte de uma árvore, podendo na verdade estar em qualquer um dos lados.

O cristal deve ser amarrado com um material orgânico; não se deve usar arame ou qualquer outra coisa que possa transmitir energia. Uma vez amarrado na árvore, o cristal pode permanecer lá para sempre. A ponta, como sempre, deve estar voltada para cima. Isso será bastante benéfico para as árvores que estiverem doentes e lhes dará novas esperanças de vida. Disposições adequadas de cristais também podem ser colocadas em volta das árvores, mas é preciso muito cuidado para que não seja gerado um excesso de energia. Fique também bastante atento ao período de tempo do tratamento, que nunca deve ultrapassar os trinta minutos. Os cristais dispostos segundo determinados desenhos são muito poderosos! Eles conduzem gigantescas naves espaciais através das galáxias.

No estudo da biodinâmica (formulado por Rudolph Steiner), encontramos uma fórmula especial (número 501) que usa o quartzo triturado para estimular o crescimento das plantas. Já li a respeito dos resultados de várias experiências diferentes realizadas com essa fórmula, e estou desolado por eles não terem sido melhores. É claro que existem muitas razões para isso.

A fórmula BD 501, em primeiro lugar, não está sendo preparada adequadamente. Ela foi criada para ser pulverizada diretamente sobre as folhas da planta quando estas já estivessem um tanto crescidas. A fórmula, como já disse, contém *quartzo triturado*, e não, como deveria, *cristais de quartzo triturados*. Essa fórmula também precisa ser energizada antes de ser misturada, o que, aliás, não está sendo feito. Uma vez colocada sobre a planta, há pouco que possa ser feito com ela. O que ela fará, se adequadamente preparada, é aumentar o campo magnético da planta (produzido pela atividade das espirais de DNA), estimulando desse modo seu ritmo natural de crescimento. Quando apropriadamente elaborada (com cristais de quartzo triturados), a fórmula apresentará tremendos resultados em áreas onde simplesmente não existe luz natural suficiente. O cristal também deverá ser programado durante uma sessão especial de meditação para a finalidade específica de ajudar a capacidade da planta de usar a Força Vital.

Eis mais uma sugestão que visa melhorar a agricultura em geral: todos os nossos apetrechos de ferro e aço deveriam ser substituídos por cobre, madeira ou pedra. Dar uma pequena quantidade de ferro inorgânico a uma plantação de cereais irá envenená-la, pois o ferro aprisiona os micronutrientes nas raízes, impedindo-os de serem absorvidos e utilizados pelas plantas. As plantas poderão ficar bonitas e saborosas mas, à semelhança da maioria dos alimentos vendidos hoje em dia no mundo, elas estarão destituídas de preciosos micronutrientes, como o cobalto, o cromo, o iodo e o zinco. Se passamos a usar o cobre ou a pedra, grandes aumentos na produção e no ritmo de crescimento serão imediatamente percebidos.

Os apetrechos de ferro e aço também atravessam e danificam as linhas Ley no duplo etérico da Terra. Eles fazem o mesmo no corpo humano. Por conseguinte, existe uma ruptura na transferência natural e normal das energias da terra para as plantas. Os apetrechos de cobre e de pedra simplesmente não fazem isso. Essas linhas Ley danificadas são corrigidas com o tempo, mas não de imediato. Alguns médicos bem-informados estão usando facas de obsidiana em vez das de aço inoxidável por causa do mal que este último causa ao duplo etérico.

P.: Foram encontrados cristais nas pirâmides e também no Triângulo das Bermudas. Eles são sintéticos? Existem ainda máquinas atlantes de cristal em atividade hoje em dia?

R.: A resposta para ambas essas perguntas é definitivamente positiva, mas seria muito difícil provar a última. Paul Brown, um americano, encontrou um cristal numa pirâmide submersa no Triângulo das Bermudas. Aliás, essa pirâmide talvez seja muito maior que a do Egito. O modo como esse cristal estava lapidado (e isso também se aplica à maioria dos crânios de cristais encontrados) não fornece nenhum indício a respeito do tipo de ferramentas que teriam sido usadas na sua fabricação.

Muitas pessoas aventaram a hipótese de que existem máquinas, antigos dispositivos atlantes, ainda em funcionamento no Triângulo das Bermudas, e que é por causa delas que tantas coisas estranhas acontecem nessa área, como o desaparecimento de navios e de aviões. É bastante curioso que, depois da remoção desse cristal, há alguns anos, não foram mais registrados desaparecimentos nessa região. Esse fato nos faz imaginar que tipo de cristal será esse, e como foi programado para ser capaz de funcionar na água do mar depois de tantos séculos.

Existem lendas a respeito das inúmeras cápsulas de tempo enterradas pelos atlantes em vários pontos do planeta. Elas estão aguardando a ocasião adequada para serem desenterradas. Supõe-se que uma esteja sob a grande pirâmide de Quéops, no Egito, e outras duas na América Central. Não há dúvida de que devem existir nesses locais muitas máquinas que usam os cristais sintéticos que deram fama aos atlantes. Talvez haja nesses lugares uma máquina que possa "reproduzir" a memória e as imagens gravadas naquela ocasião em determinados cristais fabricados exclusivamente para essa função específica. Todos podemos esperar por coisas interessantíssimas que deverão ocorrer no futuro.

P.: Como os cristais podem ser usados para curar áreas específicas do corpo onde haja uma fratura, uma queimadura, uma inflamação ou uma ferida?

R.: Anna Kroeger, curadora americana bastante sábia e experiente, nos fornece uma técnica muito boa para ativar todo o sistema imunológico do corpo através do uso de um único cristal de quartzo. Essa técnica também pode ser usada sobre áreas específicas do corpo, resultando na interrupção imediata de uma quantidade razoável de dor e na aceleração dos processos de cura.

Toma-se um cristal de quartzo transparente realizando sua limpeza pelo método da respiração descrito acima. Fazem-se então espirais no sentido anti-horário sobre a glândula do timo (localizada na parte central superior do tórax). Depois de completar dez espirais, limpa-se novamente o cristal e fazem-se outras dez espirais sobre o mesmo ponto, desta vez, porém, no sentido horário. Essa é uma excelente técnica para abrir e fortalecer os sete chakras principais. Ela também abrirá e equilibrará os chakras que estiverem fechados e subativos.

Depois de executar as espirais, passa-se a fazer o mesmo sobre qualquer área afetada do corpo que esteja necessitando de tratamento. Essa técnica pode ser aplicada muitas vezes por dia, e os resultados obtidos serão quase que instantâneos. Recomendo entusiasticamente esse método.

Existe ainda uma outra técnica semelhante denominada "A Técnica de Cura Básica do Índio Norte-americano" (que foi examinada no meu primeiro livro sobre cristais, intitulado *Quartz Crystals for Healing and Meditation*). É uma técnica muito simples e fácil, mas que precisa de algumas explicações para que possa ser corretamente usada em outra pessoa.

Inicialmente, o curador respira sobre o cristal para eliminar quaisquer forças ou energias que possam estar nele ou ao seu redor. Os únicos cristais que funcionarão neste caso são os de quartzo transparente. É inútil tentar usar qualquer outro tipo de quartzo ou de cristal.

O curador forma então uma ligação mental entre o cristal e o seu "olho mental" (o centro ajna). Ele também cria um elo mental entre o centro da cabeça e a Alma e as Hostes Curadoras que atuam através de nós. Pense sobre isso.

A mão direita do paciente é colocada entre as mãos do curador. Se o curador for destro, o cristal deverá ser colocado na sua mão direita; se for canhoto, na esquerda. As mãos do paciente e as do curador não deverão tocar-se.

O curador gira primeiro sua mão no sentido anti-horário, apontando para o centro da mão do paciente. Pede-se então ao paciente que sinta a energia que emana do cristal (se ele for capaz disso) e ainda para indicar em que posição, à medida que o curador gira o cristal no sentido horário, ele sente mais quantidade de energia. O curador interrompe então nesse ponto a rotação do cristal. Nesse momento, é importante suspender qualquer conversa, pois isso dissipa a energia e atrapalha a conclusão do processo.

A corrente de energia que sai do cristal e penetra na mão do paciente é então direcionada pelo paciente para a(s) área(s) do corpo que dela estão precisando. O extravasamento de energia de cura é interrompido quando o curador perde a concentração. É importante lembrar que "a energia acompanha o pensamento", e também que "o terceiro olho comanda essa energia". O curador não está transmitindo nenhuma energia pessoal; na verdade, está atuando como uma espécie de canal para o extravasamento do Amor que vem da Alma.

Os cristais também podem ser expostos à luz solar direta, e depois colocados sobre as áreas doloridas, machucadas ou inflamadas. Talvez não seja uma boa idéia, contudo, fazer isso ao ar livre, pois uma quantidade excessiva de luz pode ser dirigida para a pele. Os antigos compreendiam o poder de concentração dos cristais e os usavam para cauterizar úlceras e cicatrizar feridas. Eles também eram usados de um modo semelhante para acender o fogo.

Quero mencionar aqui que os romanos também usavam os cristais de quartzo de uma maneira muito parecida com a que usaríamos hoje um saco de gelo. Eles os mantinham durante a noite debaixo do nível do solo, e os carregavam durante os meses quentes do verão para se refrescarem.

TÉCNICA DE CURA BÁSICA DO ÍNDIO NORTE-AMERICANO

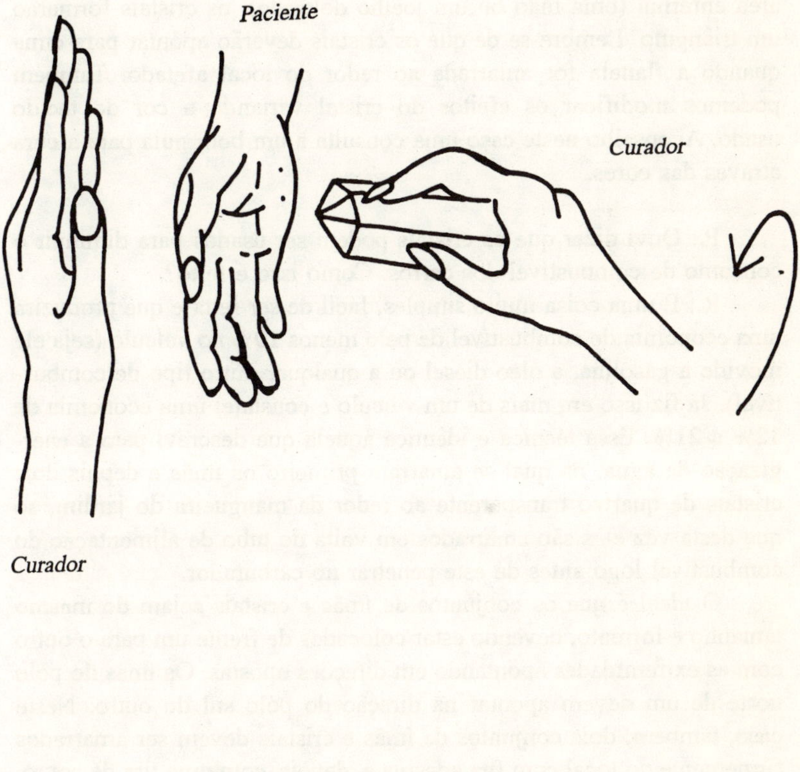

Nota: Não existe nenhum contato físico entre o curador e o paciente. A mão esquerda do curador não atrai energia; suas mãos devem permanecer positivas, ou "doadoras", e não negativas ou receptoras.

Muito se disse aqui a respeito do fato de que as formações triangulares de cristais aumentam seus campos de energia e, portanto, também sua eficácia. Isso pode ser feito de uma forma mais modesta e limitada, costurando três cristais de quartzo transparente num pedaço de flanela ou de lã vermelha. Todos os cristais devem apontar na mesma direção, sendo presos na tira de tecido cerca de 7,5 cm a 12,5 cm uns dos outros. Assim, quando a tira for enrolada em volta de uma área enferma (uma mão ou um joelho dolorido), os cristais formarão um triângulo. Lembre-se de que os cristais deverão apontar para cima quando a flanela for amarrada ao redor do local afetado. Também podemos modificar os efeitos do cristal variando a cor do tecido usado. Aconselho neste caso uma consulta a um bom guia para a cura através das cores.

P.: Ouvi dizer que os cristais podem ser usados para diminuir o consumo de combustível dos carros. Como isso é feito?

R.: É uma coisa muito simples, fácil de ser feita e que produzirá uma economia de combustível de pelo menos 10% no veículo (seja ele movido a gasolina, a óleo diesel ou a qualquer outro tipo de combustível). Já fiz isso em mais de um veículo e constatei uma economia de 12% a 21%. Essa técnica é idêntica àquela que descrevi para a energização da água, na qual se amarram primeiro os ímãs e depois dois cristais de quartzo transparente ao redor da mangueira do jardim, só que desta vez eles são amarrados em volta do tubo de alimentação do combustível logo antes de este penetrar no carburador.

O ideal é que os conjuntos de ímãs e cristais sejam do mesmo tamanho e formato, devendo estar colocados de frente um para o outro com as extremidades apontando em direções opostas. Os ímãs do pólo norte de um devem apontar na direção do pólo sul do outro. Neste caso, também, dois conjuntos de ímãs e cristais devem ser amarrados firmemente no local com fita adesiva e, depois, com uma tira de couro.

O combustível passa primeiro através do campo magnético dos ímãs (é polarizado no nível físico) e depois através do campo dos cristais para ser polarizado/alinhado no nível etérico. O combustível queima mais uniformemente e fica mais limpo. Também poderá ocorrer um grande aumento na potência do motor.

Pode-se também suspender uma pirâmide acima do veículo à noite, ou quando este não estiver em uso, colocando-se cristais em volta dele, no chão da garagem, numa formação triangular. A pirâmide beneficiará efetivamente o carro dando-lhe uma vida útil mais longa – o mesmo sendo obtido com o teflon líquido, se você conseguir obtê-lo.

P.: Devo abrir um buraco no material que reveste o meu cristal para permitir o escoamento da energia?

R.: Não, isso realmente não é necessário. A maior parte da energia que passa através do cristal não está na verdade no cristal, mas no campo de força magnético ao seu redor. O mesmo se aplica aos impulsos nervosos do corpo. Na verdade, eles não avançam através do nervo, e sim da contraparte etérica à sua volta.

P.: Podem os cristais em formações triangulares apontar para dentro? E, neste caso, devem os mesmos cristais serem usados sempre na mesma posição?

R.: O campo de energia resultante produzido quando se posicionam os cristais de modo a que apontem na direção do centro ou para fora não será tão poderoso e nem de longe tão eficaz como quando todos apontam para o Norte (para atuar sobre o corpo emocional), ou para o Sul (para atuar sobre o corpo físico e curá-lo). Aliás, eles também podem apontar diretamente para cima; é fundamental, porém, que neste caso estejam paralelos um ao outro pois, do contrário, o campo de energia será muito pequeno e as energias de cada cristal *não* se mesclarão uma com a outra. Além disso, a energia não está vindo pela ponta; então, por que colocá-los segundo esse padrão ao redor de uma pessoa, todos apontando para ela?

Se for possível, continue a usar os cristais na mesma posição, desde que, é claro, você já tenha tentado todas as combinações possíveis e consiga lembrar-se da posição de cada cristal.

P.: As pedras preciosas e semipreciosas facetadas são mais eficazes do que os cristais não-lapidados? Eu deveria guardar meus cristais envoltos em plástico ou em algodão?

R.: Praticamente todos os tipos e variedades de pedras lapidadas foram cristais não-lapidados antes de serem facetados, desde que, é claro, a pedra lapidada seja verdadeira, e não fabricada pelo homem. A lapidação da pedra é muito importante, como qualquer joalheiro lhe poderá informar. Quanto mais facetas tiver uma pedra, mais ela refletirá a luz. É possível amplificar os poderes e capacidades inerentes de determinadas pedras lapidando-as em formatos específicos.

Pedras lapidadas de maneira diferente também terão naturalmente uma afinidade com relação a outras pedras, bem como a outros metais. Todos os tipos de quartzo funcionam muito bem em conjunto. Isso se aplica à agata, à opala, ao jaspe, e também ao quartzo transparente em todas as combinações possíveis. Existem hoje à venda muitos livros que relacionam os minerais e as pedras que pertencem a Raios semelhantes e também os dos diferentes signos de nascimento. Contudo, alguns cristais não funcionam bem em conjunto. Você será forçado, neste caso, a usar o teste muscular para determinar as combinações melhores e mais eficazes.

Suas pedras preciosas e seus cristais só podem ser embrulhados em seda ou couro natural. Nunca os embrulhe em alguma coisa fabricada pelo homem. Suas energias se dispersarão e serão rapidamente dissipadas se você fizer isso. Os índios norte-americanos possuíam pequenas ''sacolas de remédios'' nas quais poderíamos provavelmente encontrar pedaços de penas, cristais, ervas, ossos, etc. Eram quase sempre feitas de couro. As cartas do tarô devem ser guardadas em seda ou couro e jamais embrulhadas em material sintético.

P.: Qual a melhor maneira de usar os cristais para aperfeiçoar a minha meditação diária?

R.: Espera-se que todos os que estão lendo estas palavras estejam meditando diariamente para permanecer em sintonia com suas Almas. Os cristais podem ser usados durante a meditação para acentuar esse vínculo fundamental.

Segure o seu cristal, ou agrupamento de cristais, com ambas as mãos mantendo a(s) ponta(s) voltada(s) para cima. Os cristais o ajudarão a se erguer a um determinado nível de energia, propiciando um estado mais profundo de satisfação e concentração do que aquele alcançado se eles simplesmente não estivessem sendo usados.

Eles não precisam ser limpos cada vez que forem usados.

Caso você esteja tendo dificuldade para pegar no sono, poderá segurar durante algum tempo um cristal com a ponta voltada para baixo. Isso desvitalizará suficientemente o corpo, e um sono profundo rapidamente se seguirá. O chá de camomila e o de flores de lúpulo também são bastante úteis nessa situação.

Procure meditar todos os dias na mesma hora e no mesmo local. Mantenha as mãos juntas e voltadas para cima durante o dia, mas voltadas para baixo após as 6 horas da tarde para não receber a energia da Lua.

P.: O que é exatamente um "enidro" e que outras formas de cristal existem?

R.: Enidro é qualquer tipo de cristal que contenha água ou bolhas de ar retidas dentro dele. São bastante raros e apresentam pequeno valor real para a cura ou a meditação. São contudo uma curiosidade e se transformaram em peças de coleção.

Uma outra forma de cristal fora do comum é o chamado "tabulador". São cristais que parecem ter-se partido na superfície em algum ponto do seu crescimento e terem curado a si mesmos. Eles são sempre cristais de uma só ponta, embora possam parecer ter duas ou mais extremidades, uma ao lado da outra, em vez de apenas uma. Eles são mais poderosos do que os cristais normais, porque suas tensões internas são um pouco maiores. Eles podem ser lapidados em forma de pirâmide, o que produz grandes resultados na cura e na meditação.

O cristal "fantasma" é uma outra forma de cristal de quartzo que ultimamente tenho visto com muita freqüência. Trata-se de um cristal que dá a impressão de ter outro(s) cristal(is) dentro de si. Ele precisa ser um cristal completo, tendo as seis faces e lados, caso contrário é chamado de "sombra". As formas e objetos, etc., encontrados dentro de um cristal são denominados "inclusões". Os fantasmas são muito raros e podem ser bastante poderosos. São cristais que pararam de crescer e depois recomeçaram o processo, normalmente com a introdução de algum outro elemento, mineral, etc., que marca a superfície onde ele havia parado anteriormente.

Os cristais com dupla ponta são aqueles que possuem uma terminação natural, ou ponta, em ambas as extremidades. São relativamente raros.

Uma outra excentricidade na família dos cristais é o "pseudomorfo". É um cristal que exibe a forma de um outro tipo de cristal. Um quartzo pseudomorfo seria um cristal de quartzo que se parecesse com um cristal de fluorita (duas pirâmides, uma em cima da outra), e não com o tipo normal de cristal de quartzo. São muito raros e constituem, como a maioria das outras formas irregulares de cristais, simplesmente peças de coleção com um potencial muito pequeno para a cura e a meditação.

P.: O que mais pode ser feito com os cristais que porventura você ainda não tenha mencionado?

R.: Como dissemos, estamos apenas começando. Este texto destina-se a motivar e a estimular a mente das jovens Almas que estão apenas começando a explorar o mundo da energia e da cura alternativa. Apenas começamos a "arranhar a superfície" e estamos, na verdade, simplesmente tirando a poeira de uma das muitas faces para ver a luz no interior de uma grande pedra.

Acabo de me lembrar de algo enquanto termino este livro. Tratase de uma experiência realizada há alguns anos pelo dr. Wilhelm Reich. Ele tomou um quartzo comum triturado (sob a forma de areia) e aqueceu-o até se tornar incandescente (a cerca de 1.093ºC). Depois que ele esfriou, o dr. Reich adicionou-lhe uma pequena quantidade de água destilada.

Acredite ou não: apenas duas semanas depois de acrescentar a água, ele pôde observar na água formas de vida que tinham milagrosamente adquirido vida a partir do quartzo aquecido. Sim, a partir de areia estéril! Essa experiência foi repetida inúmeras vezes por outros cientistas de todo o mundo com resultados praticamente idênticos.

A conclusão do dr. Reich foi a de que a energia do quartzo havia evoluído, por assim dizer, depois de ser liberada da areia pelo calor, e que tinha na verdade se transmutado, se transformando de energia em simples formas de vida. Não podemos mais pensar em energia simplesmente como matéria, e sim como a própria vida.

No século passado foi realizada uma pesquisa semelhante a essa, usando compostos inorgânicos com resultados bastante semelhantes. As formas de vida artificialmente produzidas nessa ocasião também foram programadas por seus criadores. Isso é muito estimulante, pois abre um mundo totalmente novo para os cientistas na área da pesquisa de todos os campos das ciências naturais. Isso deve ser totalmente investigado, e não simplesmente arquivado e esquecido.

P.: Que outras experiências dignas de nota foram realizadas com o cristal de quartzo transparente?

R.: Foi feita uma experiência muito interessante por volta da virada do século, na qual um cristal de quartzo transparente de uma só ponta, com cerca de 75 mm de comprimento, teve sua base escavada e depois enchida de mercúrio líquido. A base foi então selada com um material desconhecido, e depois colocada em contato com a região do terceiro olho – logo acima das sobrancelhas. Não há dúvida de que o experimentador havia recebido instruções do Espírito para essa experiência, uma vez que o processo e os resultados obtidos foram extremamente estranhos. Ao sustentar o cristal sobre o terceiro olho, não durante o dia, vejam bem, e sim após o pôr-do-sol, a pessoa teve uma extraordinária visão da noite.

O mercúrio estimulou de alguma maneira a glândula pituitária, o que ocasionou uma percepção visual intensificada de coisas normalmente vistas vagamente ou não-percebidas de modo algum. Os metais têm a forte tendência de se derreter e até mesmo de acumular, dentro de uma área restrita, energia e forças vitais naturais. O dr. Wilhelm Reich havia demonstrado de um modo bastante convincente esse fato. O mercúrio poderia muito bem ter sido substituído por ouro ou prata, e o mecanismo teria funcionado da mesma maneira. Investigações adicionais a respeito do assunto deverão ocorrer num futuro próximo, uma vez que um dispositivo desse tipo, que usa a energia dos cristais, possibilita a visão da aura humana, a visão dos chakras em funcionamento e a da complexa estrutura do duplo etérico.

O mercúrio é o único metal, até onde se sabe, que já foi encontrado num geodo. Ele parece ter com o quartzo uma espécie de ligação muito estranha e maravilhosa que simplesmente não é compartilhada com os outros metais. É claro, porém, que é preciso mencionar que muitos cristais de quartzo transparente, quando desenterrados pela primeira vez, estão cobertos de óxido de ferro (isto é, ferrugem comum); e também que tanto o ouro como a prata são quase sempre encontrados cristalizados dentro e sobre o quartzo. Existem forças magnéticas pouco compreendidas em funcionamento na Natureza, as quais, quando finalmente forem reveladas à luz fria e clara da razão, esclarecerão e elucidarão em grande parte esse e outros mistérios semelhantes.

Resíduos de cristais

> "Num cristal, temos o claro testemunho da existência de um princípio de vida em formação e, embora não possamos compreender como é a vida de um cristal, ele é, não obstante, um ser vivo."
>
> – Nikola Tesla, 1900

Muitas pessoas ficam desconcertadas quando comparam um cristal de quartzo transparente a um fragmento de quartzo de rocha. Eles podem parecer bastante semelhantes, mas existe uma enorme diferença em seus poderes e habilidades para alcançar determinados objetivos. Um cristal é, na verdade, uma rocha dotada de alma. O que quer dizer que é uma entidade com uma consciência distinta e individual. Uma rocha (enquanto uma pequena porção de, digamos, todo o quartzo que existe no mundo) contém uma pequena parte de um grande ser que está pulsando através de todo o quartzo. Os cristais, por outro lado, estão vivos e vagamente conscientes do seu ambiente imediato, enquanto que a rocha não está.

A contemplação dos cristais deve datar, sem dúvida, da época da Atlântida, quando era uma arte extensamente praticada. Mesmo nos dias de hoje, cristais não-lapidados ainda são usados pelos descendentes dos atlantes – os índios americanos – tendo em vista a clarividência. Somente os cristais de quartzo extremamente transparentes e perfeitos são usados. E, uma vez que o indivíduo ou o objeto seja localizado e focalizado por meio do cristal, outras pessoas podem então efetivamente acompanhar as imagens junto com aquela que o cristal está "focalizando".

Isso me fez lembrar um incidente (que me foi relatado por um velho índio que encontrei por acaso no Arizona). É uma história verdadeira que aconteceu há alguns anos e que certamente será de grande interesse para todos.

Nossa história começa quando uma mãe preocupada e aborrecida (membro da tribo dos apaches no Arizona) se dirige à casa do pajé da tribo – um membro muito respeitado e de toda confiança. A filha mais jovem dessa mulher tinha desaparecido e, o que era pior, a mãe suspeitava de que ela havia fugido com um rapaz que não era membro da nação apache!

O pajé acalmou a mulher ao mesmo tempo que pegou um cristal de quartzo transparente de alta qualidade, virando-o de um lado para o outro na mão enquanto começava a entoar mantras e invocar "os poderes superiores".

Com o tempo, o homem começou a contemplar profundamente uma das faces maiores do cristal e logo começou a fazer declarações curtas a respeito da moça em questão. Ela havia fugido com o rapaz e estava com ele num motel na periferia de Flagstaff, no Arizona. Ele deixou que a mulher desse uma olhada rápida na filha no cristal, e depois fechou os olhos e ouviu seus Guias Espirituais, que ofereciam mais ajuda e orientação a respeito do assunto.

O velho índio disse que os dois deixariam o motel em alguma hora da madrugada, mas que, se a mãe se apressasse, ela seria capaz de encontrar a filha no motel antes das 2 da manhã. Ele lhe deu o nome do motel e também o número do quarto. A mulher agradeceu ao pajé e correu em busca do marido e do cunhado (este era dono do único carro que ela poderia usar).

Depois de encontrar o marido e o cunhado, os três rapidamente partiram rumo a Flagstaff. Para encurtar a história, o cunhado era "louco por doces", e não estava disposto a dispensar uma fatia de torta no seu restaurante favorito de beira de estrada. Por isso, eles pararam, para grande contrariedade da mulher. O marido também queria tomar um café, de modo que a maioria, e não a urgência e o discernimento, foi vencedora.

O destino quis que eles só chegassem ao motel às 2 horas e 15 da manhã, perdendo por pouco o jovem casal, que escapara para o Sul em direção ao México. Exatamente como o pajé previra, os dois haviam efetivamente estado no motel que ele indicara e no quarto cujo número ele fornecera!

Acredite ou não, essa história tem um final feliz para todos os envolvidos. A moça voltou para seus familiares no Arizona depois de alguns anos, e não voltou sozinha. Trazia consigo duas lindas crianças. Todos foram aceitos no espírito do amor e do perdão, pois a mãe compreendeu que será feita a Vontade do Pai e que Seu Amor transcende todas as barreiras sociais construídas pelo homem.

O autor deseja a você muito sucesso, uma alegria contínua e perseverança no seu estudo dos cristais à medida que eles o ajudam na sua jornada através deste mistério que chamamos de vida.

Cartografando o cristal esotérico

> "A opinião comum entre nós tem sido e continua a ser a de que o cristal nada mais é que gelo ou neve solidificados e, com o passar do tempo, congelados além da fusão."
>
> – *Sir* Thomas Browne, 1672 d.C.

Com base apenas num exame rápido e casual de um cristal de quartzo transparente que apresente grande transparência e brilho e de outro que também não manifeste qualquer indício de doença, teríamos grande dificuldade em determinar se eles apresentam polaridade ou geminação interna. Porém, todas as coisas vivas (e isso inclui os cristais) apresentam polaridade. Isso quer dizer que têm um pólo negativo e um pólo positivo. Até mesmo o cristal com ponta dupla (um cristal realmente muito confuso) tem um pólo positivo e um negativo. Exatamente por esse motivo esse tipo de cristal deve ser deixado em paz e considerado simplesmente objeto de curiosidade, não devendo ser usado para a cura e a meditação. Os cristais não trabalham em combinação com outros do próprio tipo, em vários padrões. E assim, mais uma vez, por esta e por outras razões, devem ser deixados em paz ou divididos em dois.

Os cristais possuem, então, dois pólos, e simultaneamente a eles existe uma zona neutra, que os separa e divide em duas metades.

AS FACES DE UM CRISTAL

Vistas de cima e de baixo

Vista lateral

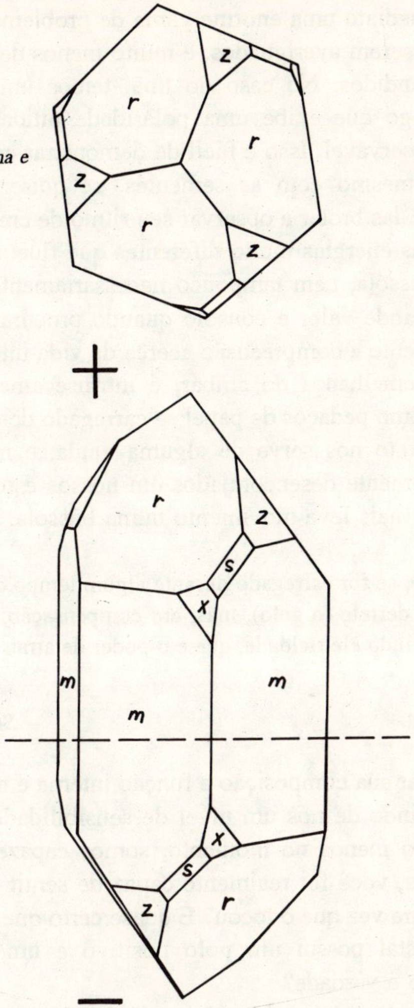

Zona neutra

Um cristal de quartzo transparente com dupla ponta. Existem cinco indicações convencionais para as diversas faces: ''m'' para as faces prismáticas; ''r'' para as três principais faces romboédricas; e ''z'', ''s'' e ''x'' para as faces romboédricas secundárias. Este é um cristal ''destro''.

A noção de que algo que não seja um ímã tenha uma polaridade será, sem dúvida, inteiramente nova para a grande maioria das pessoas e criando de imediato uma enorme gama de problemas aparentemente impossíveis de serem averiguados, e muito menos de serem posteriormente compreendidos. No caso do ímã, temos um modelo claro e indelével de algo que exibe uma polaridade nitidamente perfeita e prontamente observável. Isso é fácil de demonstrar com o uso de uma bússola e até mesmo com as sementes, se quisermos nos dar ao trabalho de fazê-las brotar e observar seu ritmo de crescimento quando expostas às duas energias muito diferentes que fluem de um ímã.

Nem a bússola, nem tampouco necessariamente as sementes se revelarão de grande valor e consolo quando procuramos desenvolver nosso entendimento e compreensão acerca da vida interior dos cristais. O quartzo, à semelhança do âmbar, é intrinsecamente magnético e atrairá coisas como pedaços de papel se carregado de uma determinada maneira. Esse fato nos serve de alguma ajuda, e não devemos nos sentir excessivamente desencorajados em nossos esforços se o cristal não provocar o mais leve movimento numa bússola.

> "... porque, se for esfregado durante algum tempo com um pedaço de tecido, ele derrete (o gelo), mas, em compensação, o cristal se aquecerá adquirindo eletricidade, que é o poder de atrair a palha ou corpos leves".
>
> – *Sir* Thomas Browne

Demonstrar sua composição e função interna e magnética poderá ser difícil, exigindo de nós um nível de sensibilidade superior talvez àquele que, pelo menos no momento, somos capazes de apresentar. Afinal de contas, você foi realmente capaz de sentir a energia de um cristal na primeira vez que o tocou? É quase certo que não. Mas a idéia de que um cristal possui um pólo positivo e um negativo não é insuperável, não é verdade?

Terei deixado o leitor incrédulo apenas com essa afirmação? E ousarei dar um outro vôo nessa área de estudos ocultista e às vezes proibida, na qual a criação de formas artificiais de vida, o poder de instilar a vida ou a morte, ou a criação de feixes de energia com os cristais são possíveis? Todas estas coisas, contudo, são perfeitamente exeqüíveis, e também muitas e muitas mais. E elas com o tempo serão compreendidas. Voltemos, porém, inicialmente para alguns dos fundamentos mais rudimentares para que a nossa base se complete.

Através da bússola, temos provas suficientes e adequadas de que o nosso planeta é dotado de polaridade e, além disso, que existem forças invisíveis ao nosso redor, talvez até dentro de nós, que fluem naturalmente de um pólo ao outro. A bússola também revela o mesmo com relação a uma barra imantada com suas forças e energias despercebidas (?). E, repito, ela é totalmente inútil para nos ajudar no que diz respeito à determinação da polaridade de um cristal. Entretanto, talvez através de uma inferência indireta com relação à polaridade conhecida de um ímã, e ao modo como esse ímã e um cristal interagem com o nosso sistema de energia, possamos tirar algumas conclusões definidas e concretas que nos levem aos princípios da operação que no momento estamos tentando compreender.

Segundo muitos cientistas da área de pesquisa (com atenção especial ao trabalho e às conclusões dos drs. Rawls e Davis, bem como as do dr. John Ott), é absolutamente claro que não existe apenas um único tipo de energia ao redor e no interior de um ímã, mas sim duas energias claramente diferentes. Uma delas está presente no pólo sul ou positivo do ímã, e a outra do pólo norte, ou receptivo. Essas duas energias do quartzo são diametralmente opostas uma à outra no que diz respeito à sua carga, ou melhor, à sua polaridade, bem como nos seus incontáveis efeitos sobre todas as coisas vivas e até mesmo das não-vivas.

Podemos supor, com segurança, que existe uma diferença entre essas duas energias devido, em primeiro lugar, à direção dos seus respectivos *spins* e, em segundo, à direção dos seus trajetos enquanto elas espiralam ao redor e através dos seus respectivos campos magnéticos. As partículas são idênticas em vários aspectos. Não esqueçamos que a energia equivale à matéria e vice-versa. E, além disso, que o amor é um tipo de matéria tão denso quanto você e eu. É com essa energia que tentamos, primeiro, substituir as forças e energias etéricas estagnadas e decadentes presentes numa área enferma do corpo, bem como ao seu redor, e depois substituí-la com a matéria curativa do amor.

Com a ajuda do teste muscular, podemos verificar de uma forma bastante vívida (e freqüentemente válida) a distinção entre os dois tipos de energia que fluem ao redor de um ímã; enquanto que com o pólo sul apontando para cima na direção da cabeça ocorre um grande enfraquecimento do grupo muscular deltóide no ombro (e na verdade, em todos os músculos dos dois corpos físicos do homem), com o pólo norte apontando na direção da cabeça existe uma sustentação da força muscular, e talvez até um acentuado aumento da vitalidade como um todo.

Em outras palavras, quando o ímã está adequadamente alinhado (no sentido da polaridade do corpo) com a energia do corpo – o duplo etérico –, há um acentuado aumento do nível global de energia ou vitalidade. Isso pode ser constatado através do teste muscular e de várias outras modalidades de teste, e pode ser sentido por todas as pessoas dotadas de sensibilidade suficiente para perceber esse aumento. Quando esse alinhamento não está presente, representando na verdade uma intrusão e sendo destrutivo para o corpo etérico, dá-se uma acentuada redução do estado de vitalidade da pessoa ou, como dizemos comumente, da saúde da pessoa.

Um fato extraordinariamente semelhante ocorre através da ação de um cristal quando este é segurado ou usado como um pingente, ou seja, quando é trazido para dentro do campo de energia do corpo ou aura. Quando ele é seguro, carregado ou usado com a extremidade natural do cristal voltada para cima (isso tratando-se de um cristal de uma só ponta), ocorre um imediato alinhamento (novamente com relação à polaridade) com a energia do corpo e um acentuado aumento na vitalidade global, que prossegue de uma maneira cumulativa e continuada enquanto o cristal permanece no interior da aura.

Analogamente, quando um cristal é seguro, carregado ou usado com sua extremidade natural voltada para os pés, ocorre um imediato esgotamento e um contínuo enfraquecimento da energia do corpo, que é acentuado e acelerado pela presença do açúcar branco, da comida perigosamente aquecida em forno de microondas, das luzes fluorescentes, dos detectores de fumaça que usam isótopos radioativos, geradores de microondas, telas de computador e de vídeo, ou pelo simples fato de ficarmos sentados diante de um aparelho de televisão. A ausência do alinhamento e da interferência de um sistema de energia polarizado e tão poderoso que é o cristal é prejudicial à vida. Daí precisarmos realmente pesquisar essas ocorrências do modo mais cabal e completo possível para que estimulemos a vida, em vez de destruí-la e enfraquecê-la.

Todas essas observações a respeito da ação enfraquecedora e fortalecedora dos cristais, dos ímãs, das drogas, da radiação mortal, etc., foram realizadas pelo autor e por outros durante um período de muitos anos, com a ajuda de muitas pessoas em três continentes diferentes e nos dois hemisférios. Elas podem ser facilmente reproduzidas por qualquer pessoa, em qualquer lugar e em qualquer ocasião. Eu gostaria de chamar a sua atenção aqui para a obra grandiosa do corajoso cientista e pesquisador dr. John Ott: *Light, Radiation and You*, para maiores esclarecimentos e compreensão dos parâmetros atualmente conhecidos do teste muscular e dos efeitos adversos das forças mortíferas de radiação que nos envolvem hoje em dia. Acha-se também disponível uma obra desse autor a respeito da radiação: *Avoid Radiation Poisoning*, publicado pelo mesmo editor deste livro.

Tendo em mente essas duas reações distintas – as ações debilitante e fortalecedora do cristal e do ímã –, deverá ficar perfeitamente claro que uma inferência direta e segura pode e deve ser feita com relação à polaridade correta de um cristal. Deve ficar absolutamente claro, a partir disso, que a ponta terminal do cristal é negativa ou receptiva, e que sua base é positiva ou doadora. Maiores provas concomitantes às já mostradas serão em breve apresentadas para consolidar ainda mais esta premissa fundamental de trabalho. Com o que já foi dito, qualquer pessoa dispõe de material suficiente para fazer sua pesquisa particular.

Eu gostaria aqui de divagar chamando a atenção para duas observações dignas de nota que pesam muito na minha mente. E, como diria o meu mentor, o mestre Ascenso Djwhal Khul, uma cadeia de pensamento deve ser resolvida ou abandonada, para não exercer tensão ou pressão indevida sobre a mente.

A primeira diz respeito à orientação correta ou do alinhamento do corpo com relação à Terra durante o sono. Todas as pessoas bem-informadas que se dedicam à cura advertem e aconselham que todos devem se orientar na direção dos pólos magnéticos da Terra, para tentar evitar, até certo ponto, doenças e distúrbios que de outro modo poderiam estar predispostos a contrair. A cabeça, portanto, de preferência, deve estar voltada para o pólo norte magnético e os pés para o pólo sul, porque o pólo sul é positivo e transmite energia, e a metade inferior do corpo é negativa ou receptiva, enquanto a metade superior do corpo é positiva e o pólo norte negativo. À semelhança da agulha da bússola, onde os opostos se atraem, estamos adequadamente alinhados com relação ao planeta quando dormimos com a cabeça voltada para o Norte.

Quando aplicar ou receber massagens, tratamentos de cura de qualquer tipo e, repito, quando dormir, assegure-se de que sua cabeça, bem como a dos seus pacientes, está apontando para o Norte. Desse modo, recebemos o máximo benefício de uma sessão de cura e de uma boa noite de sono. Várias complicações físicas podem surgir, o que freqüentemente acontece, quando dormimos com a cabeça voltada para o Sul. Quando dormimos com a cabeça apontando para o Leste, poderemos ter problemas emocionais, e, por fim, problemas mentais poderão aparecer se dormirmos com a cabeça voltada para Oeste.

Eu gostaria também, neste ponto, de fazer um comentário a respeito de todos os alimentos cultivados ou produzidos nos dois hemisférios do planeta. Aqueles produzidos no Norte apresentam uma polaridade totalmente oposta à dos produzidos no Sul. Apenas por esse motivo, todos os alimentos, remédios, água, etc., do hemisfério oposto àquele onde você atualmente se encontra devem ser evitados.

Você já ouviu dizer que a água dos rios e dos córregos giram numa direção no hemisfério sul e na direção oposta no hemisfério norte? Esse fato é absolutamente verdadeiro, e ocorre em virtude das duas energias diametralmente opostas que fluem dentro, através e ao redor de toda a vida no planeta. Elas são segmentadas e divididas pela zona magnética neutra da Terra. O equador tem um significado mais esotérico (oculto) na vida do que apenas o de ser uma linha arbitrária de demarcação num sistema proposto.

Os átomos e as moléculas dos alimentos, dos líquidos, etc., oriundos do hemisfério oposto àquele em que nos encontramos devem portanto ser evitados, porque possuem uma energia oposta à nossa. A polaridade da energia é simplesmente diferente. Voltemos agora à nossa análise acerca do lado oculto da vida do cristal.

> "Um gradiente de temperatura em todos os cristais que possuem eixos polares, como o quartzo, produzirá um efeito piroelétrico."
>
> – *Manual of Mineralogy*, Hurlbut e Klein

Muitos pesquisadores observaram uma acentuada diferença entre as energias dos dois pólos de um ímã com relação ao seu efeito sobre os brotos de alfafa. O pólo sul de um ímã, quando colocado perto de um grande número de brotos, ocasionará um enorme aumento no ritmo normal de crescimento que normalmente ocorreria, enquanto que o pólo norte será responsável por um esgotamento ou retraimento da vida, bem como por uma acentuada diminuição no ritmo de crescimento. Os efeitos são totalmente opostos, e daí o reconhecimento de duas energias completamente opostas.

Algo semelhante também está presente no interior do cristal, seja ele de uma ponta ou de duas pontas, podendo ser prontamente reconhecido através da experiência direta e subjetiva das duas configurações triangulares delineadas e descritas neste livro, nas quais três cristais apontam para o norte magnético, e são depois invertidos, passando a apontar para o sul magnético. Essa é uma outra premissa de trabalho, um princípio mesmo, que deve ser compreendido por todos os que pretendem trabalhar com os cristais; caso contrário, como diria o mestre D.K., "poderia facilmente ocorrer excesso de estimulação dos centros e, conseqüentemente, das glândulas, e a doença também poderia ser estimulada e intensificada, em vez de eliminada ou curada".

Os russos (se é que podemos confiar no que escrevem) perceberam a capacidade inerente do ímã de aumentar e diminuir a força vital dos organismos vivos, e inventaram um novo tipo de máquina que irradia todas as suas sementes, antes de serem plantadas, com a energia revigorante do pólo sul de um ímã. Essas sementes exibirão posteriormente um aumento no seu ritmo normal de crescimento, bem como um acréscimo de cerca de 15%, às vezes maior, na produção de frutos e sementes. Uma vez tratadas, as sementes reterão essa energia durante meses. Podemos fazer o mesmo através do uso dos cristais, dispondo-os em determinadas configurações. E por que não? No momento atual, o mundo precisa de mais alimentos.

Talvez valha a pena mencionar que o RNA e o DNA que compõem a constituição genética e o código vital de cada célula viva são cristais. Estes estão dispostos num padrão espiralado (toda matéria e energia se desloca seguindo um padrão e caminho espiralado); por conseguinte, a antena perfeita terá dentro de si uma espiral ou uma série delas. Nicola Tesla percebeu esse fato e patenteou muitos aparelhos e mecanismos que o utilizam.

A espiral DNA é, portanto, uma espécie de antena que recebe energias vitais do corpo etérico bem como do ambiente imediato. Quando a freqüência de determinada vibração não é mantida, o resultado é a improdutividade, a esterilidade. O que se deve fazer então para tratar com sucesso essa doença é, primeiro, remover todas as tensões que possam atuar sobre o corpo, como a radiação mortífera acumulada, todos os alimentos que contenham açúcar branco (que por si só causam uma grande variedade de doenças, incluindo o diabetes e a esterilidade) e depois aumentar a freqüência de cada célula viva do corpo por meio do uso correto e adequado dos cristais, de modo que esse ritmo de base ou freqüência crítica seja atingido e mantido. Esta também é a abordagem básica para a cura do câncer e da AIDS, e de outras doenças encontradas na Natureza e que se tornaram parte intrínseca da vida na Terra.

Talvez devêssemos divagar um pouco mais na nossa análise e examinar brevemente os inúmeros tipos de energia existentes. A maioria delas está ao nosso redor, mas nem todas são percebidas e muito menos compreendidas adequadamente.

O calor, ou melhor, "o fogo por fricção", como é denominado no ocultismo, constitui um bom ponto de partida, uma base até, para o nosso estudo à medida que partimos das formas inferiores e percorremos a escala ascendente na direção de vibrações e freqüências mais elevadas.

A *figura F* está incompleta, por certo, e poderá apresentar um grande número de problemas para as pessoas que estão familiarizadas

AS ENERGIAS NA NATUREZA

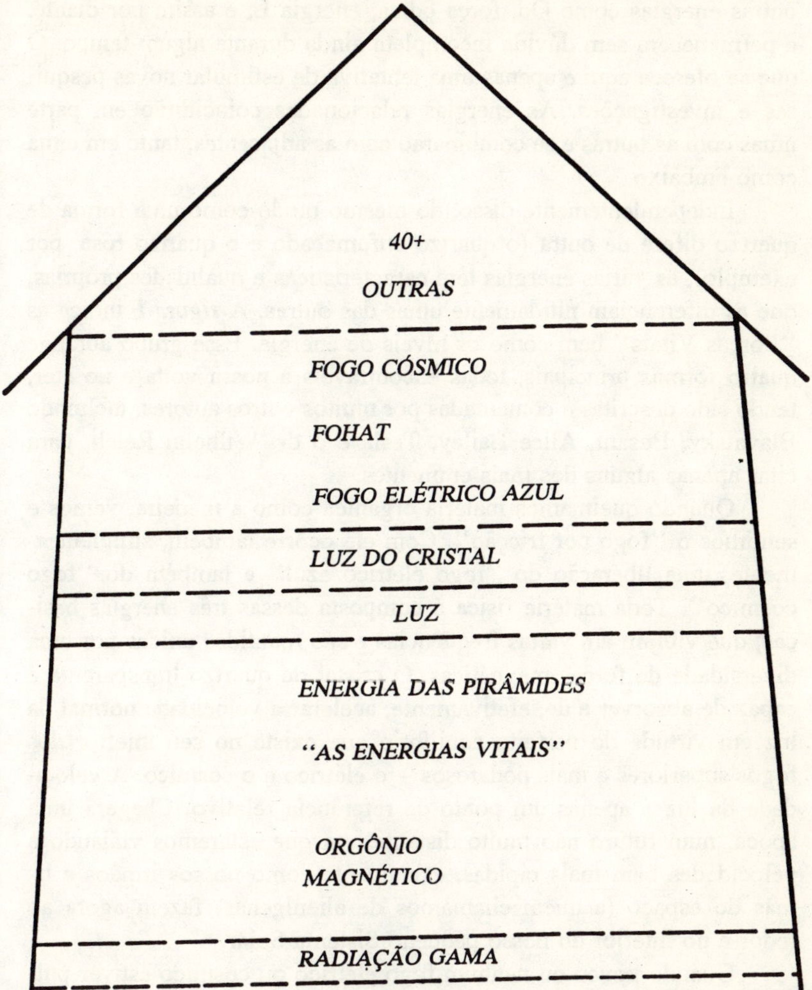

com os muitos outros nomes de uma aparentemente vasta sucessão de outras energias como Od, força ódica, energia L, e assim por diante, e permanecerá sem dúvida incompleta ainda durante algum tempo. O que se oferece aqui é apenas uma tentativa de estimular novas pesquisas e investigações. As energias relacionadas coincidirão em parte umas com as outras e se combinarão com as adjacentes, tanto em cima como embaixo.

Independentemente disso, do mesmo modo como uma forma de quartzo difere de outra (o quartzo enfumaçado e o quartzo rosa, por exemplo), as várias energias têm características e qualidades próprias, que as diferenciam nitidamente umas das outras. A *figura F* indica as "Forças Vitais" bem como os níveis de energia. Esse grupo abrange quatro formas principais, todas encontráveis à nossa volta e no éter, tendo sido descritas e comentadas por muitos outros autores, incluindo Blavatsky, Besant, Alice Bailey, Tesla e o dr. Wilhelm Reich, para citar apenas alguns dos mais eminentes.

Quando queimamos matéria orgânica como a madeira, vemos e sentimos o "fogo por fricção". Com ele ocorre também, simultaneamente, uma liberação do "fogo elétrico azul" e também do "fogo cósmico". Toda matéria física é composta dessas três energias básicas, que vibram em várias freqüências e são mantidas unidas por uma diversidade de forças magnéticas. O cristal de quartzo transparente é capaz de absorver e de, efetivamente, acelerar a velocidade normal da luz em virtude do perfeito equilíbrio que existe no seu interior dos fogos superiores e mais poderosos – o elétrico e o cósmico. A velocidade da luz é apenas um ponto de referência relativo. Chegará uma época, num futuro não muito distante, em que estaremos viajando a velocidades bem mais rápidas, exatamente como nossos irmãos e irmãs do espaço (a quem chamamos de alienígenas) fazem agora ao redor e no interior do nosso pequeno Sistema Solar.

Quando pouco ou nenhum fogo elétrico ou cósmico estiver pulsando através de um cristal, seu nível de energia ficará bem abaixo de um determinado nível crítico e as móleculas de silício serão transformadas em carbono, o que fará surgir um líquido denominado dióxido de carbono, que se apresentará como uma inclusão branco-leitosa. (Qualquer coisa que exista dentro de um cristal é chamada de inclusão.) Depois, à medida que fazemos pulsar as energias vitais superiores da nossa alma através do cristal, o carbono será transmutado e novamente transformado em silício, e as áreas enfumaçadas desaparecerão misteriosamente.

É preciso ressaltar aqui que, uma vez que as forças vitais superiores e as energias cósmicas são tão mais elevadas do que as formas inferiores de radiação hostil, é através delas e por meio delas que as forças e energias inferiores podem ser neutralizadas de uma maneira bem-sucedida e eficaz – o que constitui um dos motivos pelos quais os cristais são tão eficientes na expulsão e substituição da radiação maligna nas pessoas que estão sofrendo de envenenamento por radiação. As forças superiores podem ser usadas, e deveriam sê-lo, para anular os restos de material radioativo das instalações de energia nuclear. Uma vez neutralizado, esse material poderia ser devolvido à terra ou depositado nos oceanos onde sua radiação mortífera anterior, tão diametralmente oposta à vida, não representará ameaça.

A energia que denominamos "luz do cristal" está muito estreitamente relacionada com a luz no que diz respeito à vibração e à freqüência. Sua freqüência é mais elevada do que a energia das pirâmides e, como ocorre na pirâmide, existem duas energias diferentes circulando dentro, através e ao redor do cristal. A partícula é a mesma; somente a direção do seu *spin* e da sua direção ou trajeto ao redor do cristal são diferentes. A existência dessas duas energias pode ser percebida através dos resultados radicalmente diferentes que se obtêm quando os cristais são dispostos de acordo com um padrão no qual suas terminações apontam numa direção, e depois quando são invertidos, passando a apontar na direção oposta. As pirâmides, os ímãs e os cristais têm muitas coisas em comum. Ao examinar em profundidade as diversas propriedades e características de um deles, podemos projetar, de um modo bastante preciso, as propriedades de funcionamento e as funções de outro.

Tendo isso em mente, podemos afirmar de forma segura e correta que para obter os máximos benefícios de um ímã, devemos segurá-lo com o sul (ou lado doador) voltado para os nossos pés; e que, para receber os máximos benefícios de uma pirâmide, devemos sempre ter a base orientada de modo a apontar para os nossos pés; além disso, para receber os maiores benefícios de um cristal, devemos sempre usá-lo com a terminação, a ponta, voltada para a nossa cabeça. Concluindo: para que possamos receber a maior quantidade de energia e de benefícios do planeta, o ímã gigante no qual vivemos, nos movemos e a quem devemos a nossa vida, devemos dormir com a cabeça voltada para o Norte.

Mais informações a respeito da vida interior dos cristais

> "Com esse propósito foi ilustrada a importância das quatro variáveis controláveis fundamentais em qualquer experiência relacionada com o crescimento dos cristais, ou seja: a térmica, a constitucional, a hidrodinâmica e a cristalográfica. Além disso, foi também demonstrado como as restrições impostas por essas quatro variáveis ao processo de crescimento faz com que seja incorporado ao cristal um grande número de diferentes distribuidores de soluto e de defeitos físicos macroscópicos e microscópicos."
>
> – *The Art & Science of Growing Crystals*, dr. W. Tiller

A determinação da polaridade correta de um ímã é crucial para que ele possa ser usado eficazmente como um instrumento de cura capaz de trazer alívio e conforto às pessoas necessitadas. E, no caso do quartzo, a determinação correta da polaridade do cristal também é fundamental. Registre bem estas palavras, pois quando usado de maneira incorreta o cristal é tanto capaz de desvitalizar e debilitar um paciente quanto de fortalecê-lo e curá-lo. Ele tem esse poder e essa capacidade.

Na Natureza estão sempre presentes a lei e a ordem. E os cristais, por fazerem parte do primeiro reino da Natureza (que é o resultado da combinação do Primeiro com o Sétimo Raio – o Raio da lei e da ordem), responderão sempre de uma maneira invariável e ordenada; e podemos ter a certeza de que eles agirão desse modo desde que não existam outros fatores presentes.

Tendo em mente essa idéia da lei e da ordem, quero contar algo que aconteceu enquanto eu dirigia um dos nove seminários que se encerraram recentemente na Austrália. Estávamos examinando os efeitos fortalecedores e debilitantes de um cristal alfa (um cristal normal de quartzo transparente) envolto primeiro em papel e depois em plástico. Estávamos empregando o teste muscular para determinar a melhor posição para usá-lo. Embora costume trabalhar normalmente apenas com uma pessoa, em geral com o homem de aparência mais forte dentre os presentes, resolvi nessa ocasião testar todos os que ali estavam. Eu jamais havia feito isso antes e estava realmente arriscando muito, porque muitos fatores destrutivos e responsáveis por um certo embaraço e desapontamento poderiam ter estado presentes. Mesmo assim, estimulado pelo entusiasmo, fui em frente e tive a recompensa desse esforço.

Eu havia envolvido um cristal de uma só ponta em papel e depois em plástico para que a pessoa que o estivesse segurando não soubesse qual lado estava para cima e qual estava para baixo. Além disso, eu o revirei várias vezes nas mãos para que nem eu mesmo soubesse qual o lado que estava para cima ou para baixo enquanto estivéssemos fazendo o teste muscular. Os resultados obtidos foram inicialmente desconcertantes, mas posteriormente comprovados depois de prosseguirmos com a experiência.

Fiz com que todos dessem as mãos depois de entregar o cristal à última pessoa. Eu havia perguntado se alguém estava carregando ou usando cristais, diodos, ímãs, etc., e se alguém havia ingerido algum alimento que contivesse açúcar branco, uma vez que essa droga sintética enfraquece malignamente o corpo etérico durante pelo menos quatro horas depois de ter sido ingerida. Eu não tinha a certeza de que ninguém estava de fato usando cristais quando prosseguimos, mas decidi continuar assim mesmo. Pedi à pessoa que estava segurando o cristal que o colocasse verticalmente sobre o plexo solar, ponto de interseção de duas das três principais zonas de polaridade do corpo. Pedi então a quem estava do outro lado dessa longa cadeia de pessoas que estendesse o braço enquanto eu o pressionava firmemente para baixo. Ambos pudemos sentir uma forte resistência, e depois disso invertemos a direção do cristal. Dessa vez, enquanto eu fazia força para baixo, houve, como era esperado, um enfraquecimento. E duas pessoas nessa corrente comentaram que sentiram realmente um abatimento dentro de si quando o cristal foi invertido. Houve uma boa resposta e, para confirmá-la, invertemos mais uma vez a direção do cristal e testamos novamente a força muscular do grupo deltóide. Desta feita, como era esperado, houve uma renovação da força. Fiquei aliviado e certo de que tudo estava indo de acordo com os resultados esperados. Desembrulhamos então o cristal e, para minha surpresa, ele estivera apontando para baixo quando obtivemos uma resposta de mais força, e para cima quando ocorreu o enfraquecimento. Pela primeira vez em mais de trinta seminários obtivemos resultados que não eram esperados e ''fora do comum'', como se diz.

Minha mente estava perplexa, buscando explicações; no entanto pouco ou quase nada havia para ser dito, uma vez que, antes dessa dramática demonstração, tínhamos coberto a polaridade do cristal, e eu havia chamado a atenção para o que é esperado quando o cristal é levado para o interior da aura do nosso corpo – quando aponta para cima e, depois, quando aponta para baixo. Afortunadamente, uma das moças do grupo teve a presença de espírito de sugerir que tentássemos mais uma vez a experiência com o cristal desembrulhado. Achei que não havia mal nenhum nisso e que, na verdade, a experiência poderia de fato confirmar esse ponto crucial e extremamente importante que eu estava tentando elucidar.

Quando repetimos a experiência pela segunda vez, obtivemos os resultados desejados e esperados. Mas eu estava confuso, sem conseguir explicar os resultados do primeiro experimento. Mais uma vez, a moça que havia sugerido que desembrulhássemos o cristal e tentássemos mais uma vez veio em meu auxílio. Ela sugeriu então que embrulhássemos de novo o cristal e repetíssemos a primeira experiência para ver o que aconteceria. Eu estava esperançoso nessa ocasião, uma vez que o segundo experimento havia funcionado tão bem, com respostas claras e excelentes. As mesmas pessoas que antes haviam se manifestado disseram que haviam sentido um decréscimo da sua energia quando, na segunda experiência, o cristal estava apontando para baixo.

Embrulhamos novamente o cristal e tentamos de novo. Houve uma nítida diferença entre as duas reações, e eu tinha a certeza de que a lei e a ordem prevaleceriam, e que ocorreria, exatamente como na primeira experiência, uma inversão dos resultados esperados. E foi exatamente isso que aconteceu. Quando o cristal é envolto primeiro em papel e, depois, em plástico, ocorre uma inversão da polaridade. O papel e o plástico são de algum modo capazes, nesta combinação, de forçar uma total e inesperada inversão. Estarão eles funcionando, neste caso, como os Acumuladores de Energia Orgônica do dr. Reich? Isso, por enquanto, é um mistério, mas certamente será esclarecido com o tempo, à medida que mais estudos forem desenvolvidos a respeito.

Na verdade, estamos apenas começando a descobrir os inúmeros segredos dessas incríveis e complicadas maravilhas da Natureza. Já dispomos de muitas informações boas e precisas e, contudo, lamentavelmente, grande parte dos livros atualmente presentes no mercado contêm uma enorme quantidade de informações erradas e até mesmo prejudiciais. Somente o tempo e a investigação cuidadosa por parte dos que usam os cristais serão capazes de "separar as pedras verdadeiras das falsas".

> "O uso do gelo é condenado pela maioria dos médicos; o do cristal, recomendado por muitos."
>
> – *Sir* Thomas Browne, 1672

O fato que dos cristais, das pirâmides e dos ímãs emana uma profunda energia de cura é prontamente comprovável simplesmente ao segurarmos um deles. A existência, entre nós, de pessoas (hoje, lamentavelmente, a maioria) excessivamente insensíveis para sentir e reconhecer essa energia, é irrelevante e não deveria jamais nos dissuadir de usá-los; nem tampouco nos afastar da nossa linha de estudo atual e do trabalho que escolhemos visando o desenvolvimento individual. Há muitos que adulam e criticam. Mas, apesar disso, seguimos em frente, porque o preço da verdade (em geral, muito alto) sempre vale o sacrifício.

A luz do cristal existe, e são muitas e variadas as manifestações objetivas e subjetivas que ela com facilidade provoca nos objetos orgânicos e inorgânicos. Existe acaso um receio na mente subconsciente do homem com relação a essa forma de energia? Acaso, à semelhança dos homens que temem a existência do ''*Bigfoot*'' [o ''*Pé Grande*'' da série da televisão], aqueles que a negam com mais veemência não seriam os maiores covardes?

> ''As dádivas maravilhosas de Deus [...] para o uso e a contemplação do homem, são como amigos para a graça e a virtude e como inimigos para o vício.''
>
> – O czar Ivã, o Terrível

A capacidade de qualquer cristal de absorver, manter e depois irradiar a força vital é sempre algo individual; e isso sempre depende de muitos e variados fatores. Como você e eu, o seu nível de energia ou vitalidade está continuamente flutuando, e por inúmeras razões muitas vezes desconhecidas.

A estrutura de energia inerente ao cristal – o duplo etérico – além de ser simplesmente carregada, digamos, na luz direta do Sol, pode ser permanentemente alterada de modo a acomodar um fluxo muito maior de energia. Os cristais naturais raramente eram usados no seu estado normal (alfa) pelas sociedades tecnologicamente mais adiantadas durante a época de existência daqueles a quem chamamos ''atlantes''. Os cristais alterados, em especial os artificialmente fabricados, eram muito mais poderosos e mais capazes de realizar um número maior de coisas num período de tempo mais curto do que suas contrapartes naturais. Num breve espaço de tempo também estaremos de novo fazendo bom uso desses mesmos tipos de cristais que certa vez foram usados na Atlântida, embora o nosso entendimento e o nosso campo de visão tenham de se ampliar enormemente para abranger uma grande quantidade de novas e estimulantes leis e princípios de funcionamento.

Depois de uma leitura atenta global do material disponível que lida com os vários aspectos da química e da mineralogia do cristal, tomamos consciência imediata de que ele contém uma enorme quantidade de equívocos e mal-entendidos e também uma falta generalizada de conhecimentos. Para conseguirmos partes do conhecimento atualmente disponível, precisamos pesquisar muito a fundo, tendo de ler uma enorme quantidade de livros; e, dentre todos esses livros, não existem dois sequer que compartilhem as mesmas opiniões, teorias e idéias.

Jamais é oferecida uma verdadeira explicação a respeito do porquê da existência do cristal de quartzo transparente, do porquê de ele apresentar seu formato único, ou do porquê de ele exibir características tão estranhas e singulares. Além disso, é claro, nem se ouve falar em expressar qualquer reconhecimento ou gratidão ao Reino dos Devas na Natureza. O pouco com que os autores se preocupam em oferecer no que diz respeito às inúmeras propriedades e processos terapêuticos dos cristais, praticados há mais de cinco mil anos (como ocorre na medicina ayurvédica na Índia), e sem mencionar o seu uso durante incontáveis séculos na América do Norte pelos índios, é totalmente ridicularizado, transformado em pilhéria e aviltado, o que é demonstrado claramente pelo texto que se segue:

> "E houve então o triste caso do papa Clemente VII. Em 1534, quando ele estava à beira da morte, os médicos decidiram tratá-lo com alguns tipos de pó feitos com pedras preciosas pulverizadas, incluindo diamantes. Durante sua última quinzena de vida, os médicos fizeram o pobre pontífice engolir doses avaliadas em 40.000 ducados – depois do que, misericordiosamente, ele morreu."
>
> – *Gemstones*, O'Neill

Além de não se deterem nem um pouco sobre qualquer aspecto da grande quantidade de conhecimentos, fatos e números oferecidos pelos mestres eternos da sabedoria, como se pode ver através dos inestimáveis escritos de Blavatsky e Bailey, eles decidiram percorrer a borda de um grande abismo de ignorância, arrogância e escuridão, optando mesmo por desprezar totalmente muitas experiências conduzidas por seus próprios colegas com relação aos efeitos antigravitacionais dos cristais, etc.

O restante deste curto capítulo tratará basicamente das várias formas de cristal de quartzo, particularmente dos cristais de quartzo transparente, tendo em vista o futuro desenvolvimento que podemos esperar com relação a esses cristais; e esperando poder substituir – em primeiro lugar e antes de mais nada – a incrivelmente destrutiva forma de energia que chamamos de "energia nuclear".

Já mencionei uma das classificações do cristal – o cristal alfa, o qual, repito, é a forma normal e natural do cristal de quartzo transparente. Ela é a mais densa e a mais "cristalizada" de todas as formas no sentido de que é a mais dinamicamente rígida e fixa. É o cristal comum que não foi aquecido acima de 100ºC nem submetido a qualquer tipo de tensão.

Muitos dos cristais que aparecem regularmente nas lojas de cristais da Nova Era, nas lojas de pedras e de minerais, e também os exibidos em museus, não são cristais de quartzo alfa normais, devido ao fato de terem sido fervidos na água e em ácido oxálico no processo de remoção do revestimento de óxido de ferro existente na sua superfície.

> "Se o quartzo (o cristal de quartzo transparente) for aquecido a cerca de 100ºC, ao ser esfriado ele desenvolverá cargas positivas nas três faces prismáticas alternativas, e cargas negativas nas três faces restantes. Essas cargas foram denominadas polarização piroelétrica secundária."
>
> – *Manual of Mineralogy*, 11ª edição
> Hurlbut & Klein

Basicamente, portanto, qualquer cristal que não tenha sido aquecido, eletricamente alterado ou, é claro, sofrido a radiação mortífera de algum dos vários elementos radioativos, é um cristal alfa. E o cristal alfa alterado é aquele que foi aquecido, exposto à radiação e também eletricamente estimulado. Uma vez alterado, o cristal alfa jamais será o mesmo de novo, pois sua estrutura interna terá sido alterada, isso sem mencionar o seu duplo etérico. Podemos tomar então um cristal que, embora sem atrativos, pode ter sido falsificado até certo ponto, e alterá-lo com êxito transformando-o numa pedra verdadeira.

Com base nesses dois curtos parágrafos você talvez tenha capta-

POLARIZAÇÃO PIROELÉTRICA SECUNDÁRIA NOS CRISTAIS DE QUARTZO ALFA

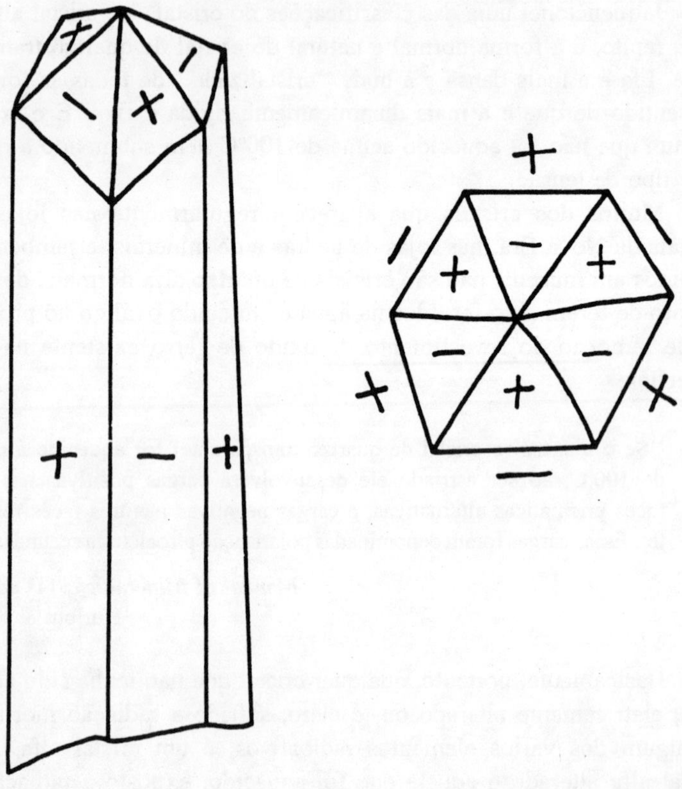

Este desenho delineia a polarização piroelétrica secundária num cristal de quartzo alfa alterado. As cargas de polaridade não se encontram simplesmente sobre a superfície do cristal, estendendo-se também dentro dele e completamente através dele; as cargas ainda estariam presentes independentemente de o cristal ter uma ponta ou duas pontas. Todos os cristais em seus estágios de formação já exibiram esse tipo de polarização, mas o perderam quando esfriaram e envelheceram. Essas cargas se instalam perpendicularmente ao ''eixo elétrico'' do cristal (ver Figura B).

A ESTRUTURA DO QUARTZO ALFA

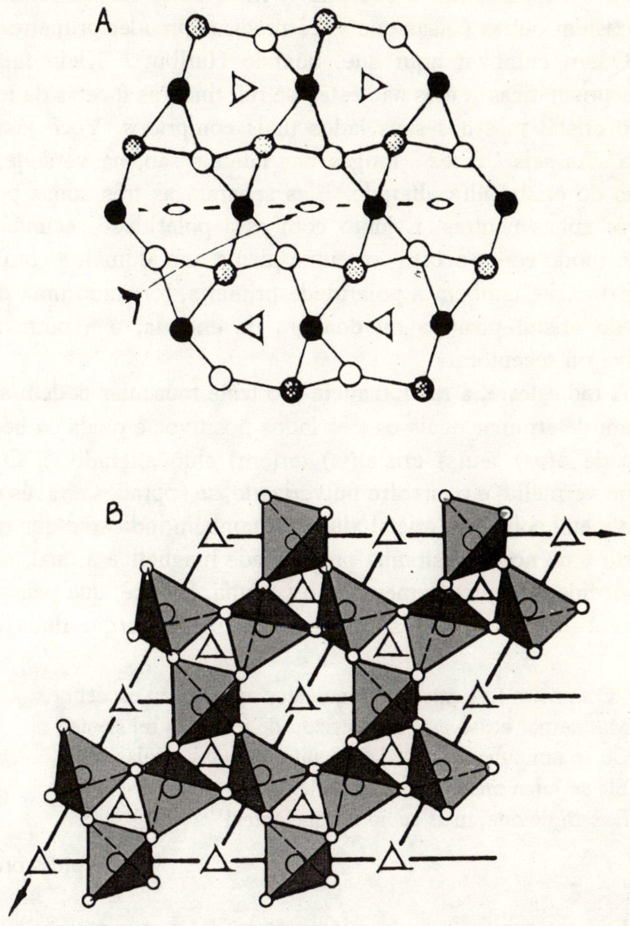

Os dois desenhos acima mostram, em dois gráficos diferentes, a estrutura interna do quartzo alfa. O desenho A foi elaborado de forma a indicar uma estrutura muito fechada ou apertada, que exerce pressão sobre si mesma. Os pequenos triângulos sombreados indicam moléculas ou átomos de impurezas (que incluiriam a água) mantidos intersticialmente. A distância dos lados do triângulo eqüilátero que forma a molécula básica do quartzo é de 4,903 angstroms. A altura é de aproximadamente 5,39 angstroms.

do muita coisa no que diz respeito ao que vai pensar depois; e talvez esteja até pensando em alterar os cristais que possui atualmente com o objetivo de aumentar o seu poder. Mas, antes de fazer isso, pare, pois existem outras coisas que você precisa aprender primeiro.

Quero enfatizar aqui que, quando Hurlbut e Klein falam em "faces prismáticas", eles não estão se referindo às facetas da terminação do cristal mas aos seus lados mais compridos. Você já viu um prisma? As seis "faces" longas nas laterais são, na verdade, zonas neutras do cristal alfa alterado. Elas separam as três zonas positivas das três zonas neutras. E junto com essa polaridade secundária (do mesmo modo como ocorre com uma planta, um animal, e com você e comigo) existe também a polaridade primária, tornando uma das metades do cristal positiva ou doadora de energia, e a outra metade negativa ou receptora.

A radiestesia, a rabdomancia e o teste muscular podem ser usados para determinar quais os três lados positivos e quais os negativos depois de o(os) seu(s) cristal(is) ter(em) sido alterado(s). O pó de chumbo vermelho e o enxofre pulverizado, se soprados através de uma tela de metal sobre um cristal alterado, também indicarão que o cristal adquiriu uma nova e estranha propriedade magnética a qual, antes de ser aquecido, ele simplesmente não possuía. E você, que pensava que um cristal era apenas um cristal. Continue sentado, porque ainda há mais.

> "O mineiro [...] entre os fragmentos apanha seu espécime,
> Mas se por acaso este for estriado de minerais reluzentes,
> Ou se um cubo de cristal se oculta nas suas células –
> Ele se julga mais rico, mais forte
> E, sem dúvida, mais sábio do que antes!"
>
> – Wordsworth

Embora muitas teorias sejam oferecidas por um grande número de cientistas a respeito de como se forma um cristal de quartzo, optei por não acreditar em nenhuma delas. Duvido seriamente de que seja realmente necessário um tremendo calor para que surjam os cristais. E, uma vez que o duplo etérico do cristal é criado primeiro, um grande número de aspectos estão ausentes do ponto de vista ortodoxo.

Ao lado da teoria da necessidade de uma enorme quantidade de calor, costuma-se acreditar que grandes pressões também são necessárias para a sua formação. Mas, se isso for verdade, por que os cristais maiores, alguns pesando centenas de quilos, são encontrados perto da superfície, e não mais para baixo nas profundezas da terra? É certo que tremendas pressões são e foram usadas para criar os inúmeros cristais artificiais (quando se percebe um novo crescimento de 1 mm por dia), mas, no caso das muitas formas, forças e energias da Natureza – simplesmente nem todas compreendidas, quanto mais reconhecidas –, talvez pouca ou nenhuma pressão seja realmente necessária. É possível que as energias superiores sejam acumuladas pelos Devas, junto com a contraparte etérica de silício, e que depois elas sejam submetidas a pressões de um tipo que simplesmente não possamos compreender. E existem cristais que se formam em fendas ou cavidades, não sendo na verdade tocados, ou sem receberem a "pressão" de um grande peso.

Os cristais de quartzo se formam obviamente de várias maneiras. E assim, quando os cientistas nos dizem que eles são criados através dos processos metamórfico, sedimentar e ígneo de formação das rochas, eu tenderia, de uma certa maneira, a concordar com eles nesse caso. Realmente, aprecio algumas das suas teorias. Quase todo o mundo concorda em que todos os sistemas estão sob constante mudança. Alguém pode discordar disso? Creio que não. Porém, todas as leis da termodinâmica estão obviamente incorretas e limitam extraordinariamente a Natureza. Essa última afirmação é, sem sombra de dúvida, verdadeira, tendo em vista os milagres cotidianos realizados pelo avatar Sathya Sai Baba, nos quais ele transmuta os metais não-preciosos, transformando-os em ouro, e retira simplesmente do nada uma grande variedade de objetos.

Muitas ações e funções do cristal de quartzo são conhecidas. Porém, repito, as explicações oferecidas pela ciência ortodoxa a respeito de como e por que eles agem dessa maneira é absolutamente incompleta. Podemos perceber esse fato na explicação de Hurlbut e Klein sobre as propriedades "piezoelétricas" do quartzo: "Nesses cristais, a polarização é o resultado da deformação causada por expansões térmicas desiguais que produzem efeitos piezoelétricos." Parecem frases de duplo sentido, não é mesmo? Estariam eles oferecendo uma explicação tão medíocre do magnetismo ou da polaridade de um ímã? A história do quartzo está longe de uma conclusão.

> ''Ele é um corpo mineral diferente das pedras, e reduzido por alguns à subdivisão que abrange as gemas; transparente e com a aparência de vidro ou gelo, feito de uma lenta percolação da terra, extraído do mais puro e límpido fluido desta, devendo à frieza da terra alguma colaboração ou coadjuvação, mas não uma determinação e uma eficiência imediatas, que são produzidas pela mão do seu espírito concreto, as sementes da petrificação e a Górgona do seu eu.''
>
> – *Sir* Thomas Browne, 1672

Já vai longe o ano de 1672, quando se pensava que os cristais eram simplesmente gelo congelado sob a forma de pedra. Entretanto, sem nenhuma sombra de dúvida, ainda temos um longo caminho a percorrer se quisermos copiar a tecnologia dos nossos irmãos do espaço e alcançar as velocidades que eles exibem com suas máquinas miraculosas.

Voltemos, porém, ao assunto que estávamos examinando, ou seja, as transformações ''polimórficas'' do quartzo, como são chamadas pelos cristalógrafos. Precisamos, então, voltar nossa atenção para a forma de quartzo mencionada nos livros como cristal de quartzo ''alto ou delta'' e verificar de que maneira ele difere do cristal alfa comum.

> ''A forma estável de SiO_2 abaixo de 573ºC é o quartzo baixo (alfa). Se aquecido a 573ºC, o quartzo baixo se transforma pelo deslocamento (e instantaneamente) na estrutura do quartzo alto (ver o desenho do quartzo delta), sendo esta a modificação de SiO_2, que é estável entre 573ºC e 870ºC a 1 atm de pressão.''
>
> – *Crystallography and Crystal Chemistry*,
> F. D. Bloss

A forma delta do quartzo, portanto, é o cristal de quartzo comum que, de acordo com o texto citado, é aquecido a 573ºC ou mais e até

A ESTRUTURA DO QUARTZO DELTA

A

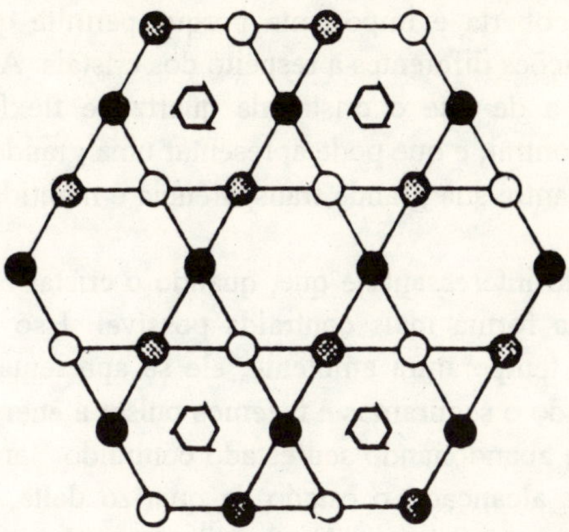

B

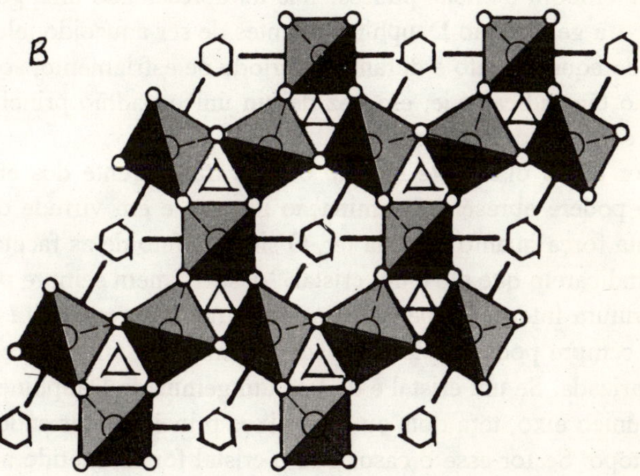

Esses dois desenhos mostram graficamente a estrutura interna do quartzo delta atualmente aceita. Observe a configuração ligeiramente expandida das moléculas neste caso, em comparação com "A" no desenho do quartzo alfa. Essa estrutura se fecha sobre si mesma a uma temperatura inferior a 573°C, mas pode ser mantida e expandida (ver estrutura do quartzo ômega) se forem empregadas outras formas de energia em vez de simplesmente o calor. O espaço intersticial no interior do quartzo delta seria um tanto maior do que 5,5 angstroms.

870°C. Trata-se de uma forma de quartzo radicalmente diferente, cuja estrutura atômica se encontra mais expandida do que o quartzo alfa.

Essa descoberta é importante porque permite que sejam feitas muitas observações diferentes a respeito dos cristais. A mais importante talvez seja a de que o cristal de quartzo é flexível, que ele se expande e se contrai, e que pode apresentar uma grande movimentação interna; no entanto, sua grande transparência é mantida antes e depois da expansão.

Outro fato interessante é que, quando o cristal está em repouso, ele está na sua forma mais contraída possível. Isso quer dizer que, quando está à temperatura ambiente, ele se apresenta muito denso e inativo e, quando o seguramos e fazemos pulsar a energia através dele, ele se expande abandonando seu estado contraído "encouraçado".

Uma vez alcançado o estado de quartzo delta, o cristal nunca mais será o mesmo. Se as moléculas tiverem sido aquecidas a ponto de ocorrer uma reestruturação radical no padrão interno canhoto ou destro, e embora o cristal pudesse não ter apresentado uma geminação interna – a geminação Dauphine –, antes de ser aquecido, ele poderá, depois do aquecimento e durante o período de esfriamento, sofrer uma alteração tão radical que, em vez de um único padrão principal espiralado, surgirão dois ou mais.

Por causa disso, até mesmo o mais transparente dos cristais de quartzo poderá apresentar geminação interna, e em virtude disso não terá tanta força quanto poderia ter. O simples fato de as facetas de um cristal indicarem que ele é um cristal "destro", nem sempre prova que sua estrutura interna é apenas essa – destra. Sua verdadeira estrutura interna sempre pode ser determinada por meio de um microscópio de luz polarizada. Se um cristal é de fato um geminado Dauphine, em vez de um único eixo, terá dois ou mais eixos principais correndo da base para o topo. Se for esse o caso, e se o cristal for submetido a pressão, os limites gêmeos poderão se alterar espasmodicamente.

> "Se o cristal for aquecido a mais de 573°C, a geminação Dauphine desaparecerá e, através do esfriamento controlado, será possível impedir que ela reapareça."
>
> – F. D. Bloss

OS TRÊS EIXOS PRINCIPAIS DE UM CRISTAL

Vistas de baixo e de cima

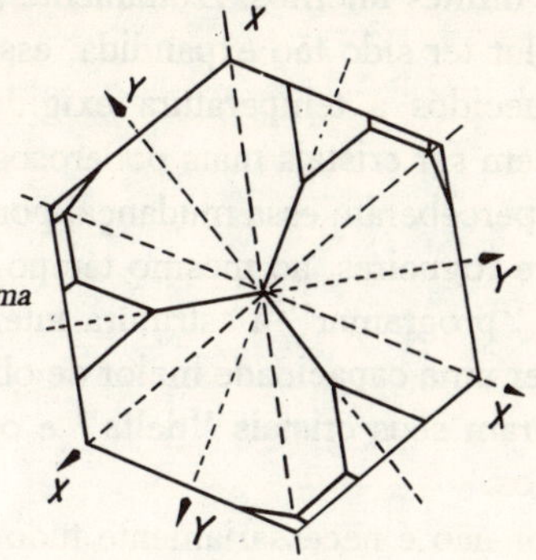

Vista lateral

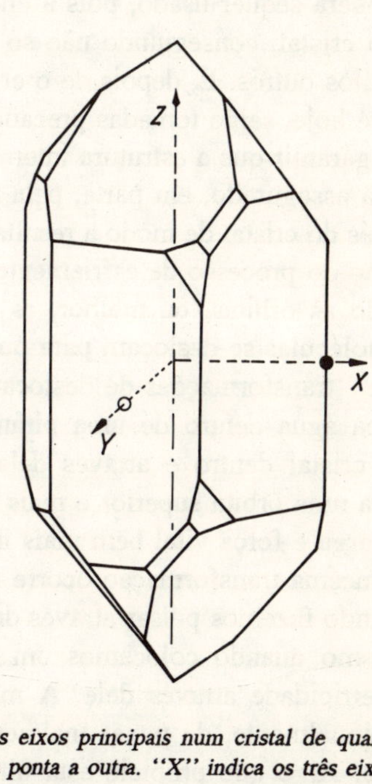

As linhas pontilhadas indicam os três eixos principais num cristal de quartzo alfa. "Z" indica o eixo ótico, que corre de uma ponta a outra. "X" indica os três eixos elétricos do cristal. "Y" indica os eixos mecânicos que são normalmente assinalados com o objetivo de cartografar e representar graficamente um cristal para análise durante a produção das placas piezoelétricas.

Esta última declaração é profundamente importante! Temos aqui cristais sem limites internos. Exatamente por causa do fato de a estrutura molecular ter sido tão expandida, esses cristais de quartzo recentemente aquecidos à temperatura exigida para que o quartzo delta apareça podem ser cristais mais poderosos e capazes. Os índios norte-americanos perceberam essa mudança; por isso, eles "fumegavam" os cristais sobre fogueiras, ao mesmo tempo que queimavam ervas específicas para "programar" a estrutura interna de maneira que o cristal passasse a ter uma capacidade maior de obter determinados resultados. Eles aqueceram seus cristais "delta" e os programaram durante inúmeros séculos.

O calor não é necessariamente tudo o que é preciso para que se consiga a estrutura delta do quartzo. Na verdade, num futuro próximo, o calor não será sequer usado, pois a energia será aplicada de outras maneiras ao cristal, conseguindo não só os mesmos resultados como também muitos outros. E, depois de o cristal ser energizado ou aquecido, como é hoje, serão tomadas precauções durante a fase de esfriamento para garantir que a estrutura interna do cristal não seja deslocada. Isso será assegurado, em parte, pela projeção de um campo magnético através do cristal de modo a resultar em um perfeito alinhamento ao término do processo de esfriamento.

Quando as órbitas, ou melhor, as posições dos átomos individuais nas moléculas se deslocam para outras posições, ocorre o que é chamado de "transformações de deslocamento". Isso acontece quando se coloca água dentro de uma pirâmide ou quando se irradia a energia do cristal dentro e através dela. O átomo de hidrogênio é elevado para uma órbita superior e mais poderosa. O resultado é uma água com carga e força vital bem mais intensas.

Essa mesma transformação ocorre no nível etérico do cristal de quartzo quando fazemos pulsar através dele as energias vitais superiores, ou mesmo quando colocamos um fio ao seu redor e fazemos passar a eletricidade através dele. A matriz etérica se expande e é capaz, funcionalmente, de puxar mais energia do éter para o mundo físico denso. Algo que propicie esta última atividade é chamado de "transdutor". O cristal de quartzo é, portanto, um transdutor na mais pura acepção da palavra. O processo assemelha-se bastante a você e a mim, quando meditamos e fazemos com que a força vital superior da nossa alma se dirija ao plano físico.

> "Ele (o curador) atrai para si e absorve as forças que estão produzindo a doença, retirando-a do paciente [...] Também é preciso que seja fornecido ao paciente um suprimento de energia renovada [...] A vitalidade e a vida que fluirão através de todo o corpo serão então de tal modo poderosas que automaticamente o corpo físico se tornará resistente à doença, seja ela inata, hereditária ou originária do grupo."
>
> – O mestre Ascenso Djwhal Khul

Como os cristais podem atrair uma quantidade tão tremenda de força vital superior num período de tempo bastante curto, eles nos oferecem a oportunidade de aumentar a nossa resistência à doença e, de uma forma preventiva, nos ajudam a nos mantermos saudáveis. E quando contraímos um agente patogênico, um vírus ou outra coisa qualquer, como a energia do cristal nos ajuda a manter o sistema imunológico vitalizado – especialmente os glóbulos brancos do sangue –, existe uma enorme chance de que consigamos lidar rápida e eficazmente com o problema; desde que, é claro, estejamos nos alimentando adequadamente e sendo submetidos a pouca tensão. Essa energia mostrará com o tempo que é a nossa maior defesa contra todas as formas de enfermidade, radiação mortal, etc., inclusive a AIDS.

Recentemente, durante os dois anos que passei dando palestras na Nova Zelândia e na Austrália, nunca deixei de ficar surpreso com a total falta de interesse (da parte dos inúmeros repórteres e editores de jornais com quem conversei) em relação ao tratamento adequado e à cura da AIDS e do câncer. Eu ficava sempre estarrecido e perplexo toda vez que ouvia: "Não, realmente não estamos interessados nas pessoas que ficaram curadas de AIDS e nas inúmeras curas que limitam e revertem a sua disseminação." Jamais houve, porém, falta de interesse em informações impressas que espalhavam o medo e o terror da AIDS, uma vez que quase todos os jornais, praticamente todos os dias, contêm numerosos artigos a respeito de como a AIDS se espalha e de como, supostamente, ela não pode ser curada. E os piores repórteres eram aqueles que diziam: "Oh, é claro, eu tenho uma mente aberta." Quando eu ouvia isso – o que acontecia de tempos em tempos –, eu sabia que estava diante de um muro de tijolos e que estava simplesmente perdendo o meu tempo.

A AIDS já foi curada. E não apenas por uma coisa, por um único tipo de tratamento, por um único medicamento, mas por muitos. Existem muitas curas para a AIDS, do mesmo modo como existem muitas curas para o câncer. Milhares de pessoas já foram curadas de câncer – mas não pelos médicos ortodoxos. A AMA e a FDA (Faster Death Association,* como é chamada em determinados círculos muito bem informados) tornaram ilegais e confiscaram diversos livros que tratam de muitas curas de câncer bem-sucedidas. Elas também tornaram ilegais, baniram e confiscaram muitas máquinas, dispositivos e mecanismos cujo sucesso foi comprovado na cura do câncer. Entre estes estão as invenções do dr. Dotto, do dr. Wilhelm Reich e de George Lakhovsky, além de um grande número de outras pessoas. Por que você acha que isso foi feito? Estariam acaso os trinta ou mais jornais que abordei ligados de alguma maneira à FDA? Ou é apenas o medo e a ignorância que impedem que tantas coisas boas aconteçam? Não importa quais as razões. As coisas precisam mudar logo, uma vez que nenhum governo na Terra será capaz de arcar com a despesa de tratar de tantas pessoas (de acordo com o custo projetado para o tratamento da AIDS), pois serão gastas dezenas de milhares de dólares por ano com o tratamento de cada paciente.

Com a sua ajuda e o seu apoio podemos alterar as coisas. É preciso que um número substancial de pessoas exija que a chamada imprensa "não-tendenciosa" se esforce mais para fazer a cobertura dos inúmeros casos de cura da AIDS e do câncer, para que possamos ver as verdadeiras mudanças. Will Rogers disse certa vez: "Tudo o que eu sei é o que leio nos jornais." Como isso é verdadeiro para todos nós!

De qualquer modo, eu não deveria estar tão amargurado. E consigo imaginar como se sentem as pessoas que estão com câncer, com AIDS, etc. (e os mortos também, eu poderia acrescentar), ao

---

* "Associação da Morte Rápida" (N. da T.).

descobrir que poderiam ter sido ajudadas se ao menos a imprensa tivesse sido aberta e tivesse apoiado a sua luta. Voltemos, porém, ao nosso estudo com a esperança de que mudanças construtivas baseadas na boa vontade e na fraternidade logo ocorrerão.

Estamos examinando o lado esotérico ou oculto do cristal de quartzo enquanto observamos os vários estágios nos quais existe o quartzo. Mais especificamente, estamos analisando o grau de flexibilidade do quartzo e as razões por que ele é assim.

Você já viu uma pedra vergar? Eu já vi. Ela é chamada de "quartzo flexível". Trata-se de um tipo de arenito que realmente se curva. O quartzo é algo extremamente incomum. Poucas pessoas acreditariam que até mesmo dentro de um cristal muito transparente pode haver uma quantidade razoável de água livre e de outros elementos. A transparência de um cristal certamente jamais trairia seu temperamento ávido por se agarrar a qualquer coisa que lhe apareça no caminho. Mas é exatamente isso o que acontece. É por causa dessa propriedade que a ágata (naturalmente branca ou marrom-claro) pode ser colorida com qualquer cor do arco-íris. Até mesmo o cristal de quartzo transparente pode ser colorido.

> "Impurezas também podem ser adicionadas intersticialmente. Os canais abertos e relativamente grandes da estrutura do quartzo são geralmente considerados locais intersticiais e parecem permitir a incorporação de grandes íons."
>
> – *The Art and Science of Growing Crystals*,
> J. Gilman

Consideram-se que esses íons, átomos ou moléculas maiores, colocados dentro das grandes moléculas de quartzo (que são pirâmides de quatro lados), são mantidos "intersticialmente" – nesse estado eles são livres para se deslocar, serem agregados a alguma coisa, ou removidos. E diz-se que os átomos, íons, etc., que se tornam uma parte efetiva da molécula de quartzo entram no "arranjo de distribuição dos átomos por substituição".

A grande quantidade de água contida na maioria dos cristais, embora raramente percebida, os afetará de uma maneira drástica se

IMPUREZAS NO QUARTZO NATURAL E NO SINTÉTICO

Impureza	Sintético de Escova* %	BTL Sintético %	Quartzo Vulcânico %	Quartzo Rosa	Quartzo Enfumaçado
Ag	~0.0001	0.0001	0.0001	0.0001	—
Al	~0.003	~0.01	>0.01	>0.01	~0.01
Ca	~0.0003	~0.001	~0.01	0.003	~0.003
Cr	~0.0003	~0.0003	~0.003	—	~0.0003
Cu	~0.001	~0.003	~0.0001	~0.0001	~0.01
Fe	~0.003	~0.001	~0.01	>0.01	~0.001
Mg	<0.001	<0.001	~0.01	~0.001	~0.001
Ti	—	—	~0.003	~0.003	—
Pb	—	~0.003	~0.003	—	—
Na	—	0.003	0.0005	0.02	—

* Clevite Corporation, Cleveland Ohio (—) – método não-determinado.

Extraído de **THE ART AND SCIENCE OF GROWING CRYSTALS**, de J.J. Gilmour forem aquecidos ou esfriados com excessiva rapidez. Por esse motivo, jamais se despejam líquidos quentes numa xícara ou vasilha de quartzo transparente ou de ametista. Estas eram usadas em épocas distantes para bebidas frias ou geladas; e as xícaras e vasilhas de ágata e ônix (ambos do grupo do quartzo), para as bebidas quentes.

O principal problema ligado à criação de cristais de quartzo delta ou alfa alterados é exatamente o fato de os cristais conterem muita água; e, quando são aquecidos, essa água aumenta de volume. Se esse aumento não for suficientemente lento, ou se houver simplesmente um excesso de água dentro do cristal, este poderá rachar ou até mesmo explodir como ocorreu com os cristais de quartzo "ômega" quando foram criados décadas atrás.

As diversas impurezas contidas no interior de um cristal de quartzo influenciarão sua habilidade e capacidade como um todo. Podemos ver, na tabela acima, que muitas dessas moléculas – especialmente as de alumínio e chumbo – não têm propriedades terapêuticas, sendo, na verdade, venenosas. É exatamente devido ao fato de não só o cristal de quartzo transparente como também todos os minerais e pedras preciosas conterem dentro de si tantos venenos que você não deveria, em nenhuma circunstância, ingerir, sob qualquer forma, minerais triturados ou pulverizados – especialmente o cristal de quartzo transparente. Pergunte a um mineralogista, e ele lhe falará a respeito dos inúmeros venenos contidos nos cristais e nos minerais. Fique alerta e mantenha-se saudável! Evite os remédios homeopáticos que contêm cristais triturados como se fossem a peste em pessoa! Os médicos também lhe dirão, se estiverem a par disso, que o silício inorgânico (dos cristais de quartzo triturados) também é tóxico para o corpo quando ingerido em grande quantidade. Evite, portanto, as noções de "água de cristal" bem como as poções que a contêm. Você pode fazer sua própria água de cristal seguindo um dos muitos métodos e processos que descrevo neste livro para sua reflexão e boa saúde.

Uns poucos autores escreveram a respeito dos "centros de radiação do núcleo do elétron" nos cristais de quartzo, e sobre o porquê de os diferentes tipos de cristal exibirem diferenças tão acentuadas de cor e formato. O quartzo enfumaçado, inclusive o morion (que é de um marrom muito escuro), deve sua linda cor à combinação de átomos de alumínio com átomos de oxigênio nesses centros de radiação do núcleo do elétron. A cor do quartzo rosa é causada pela presença de átomos de titânio nesses centros. E os adoráveis cristais de citrino devem sua cor à presença do alumínio associado ao oxigênio, ao hidrogênio e ao elemento de terras raras, o lítio. No caso da ametista, é claro, existem os grandes átomos de ferro responsáveis pela sua linda cor e forma.

Essas várias "inclusões" (termo usado para indicar qualquer coisa que possa existir dentro de um cristal) têm uma grande influência, repito, na determinação das propriedades e características inerentes ao cristal. Elas também são responsáveis pela fluorescência do cristal, pela cor dessa fluorescência e também por quando ela se manifestará.

> "Por outro lado, massas de um quartzo leitoso das pegmatitas de feldspato de Spruce Pine, na Carolina do Norte, poderão emitir uma fluorescência fraca de cor amarelo-palha sob uma onda longa. A estrutura externa desse quartzo é provavelmente cristalina, embora o mesmo não ocorra com sua forma externa. Além disso, existem na literatura relatos que dizem que a ametista da Carolina do Norte emite uma fluorescência azul."
>
> *The Collectors Book of Fluorescent Minerals*, M. Rabbins

Ao longo dos anos, já ouvi muitas histórias de pessoas que dizem que um dos seus cristais tem um brilho amarelo e que um outro é verde ou azul. Depois de um exame casual, os cristais poderão não se diferenciar, na cor, de um quartzo transparente natural. Nosso parecer é que há vários fatores envolvidos, incluindo a quantidade de luz solar recebida pelo cristal, se ele é ou não usado na meditação ou na cura, se é conservado sob uma pirâmide ou colocado sobre ou ao redor de outros tipos de cristais quando usado pelo seu proprietário. Também é interessante comentar, neste ponto, que a água, quando colocada em jarras de cores diferentes, adquirirá sabores diferentes depois de ter sido exposta à luz solar direta. No caso dos cristais, as várias imperfeições existentes, à semelhança da cor usada para "temperar" a água pura, irão influenciar sua fluorescência.

O conhecimento de que um tipo de quartzo apresenta uma fluorescência azul e um outro uma fluorescência verde demonstrou ser extremamente útil para que possam ser localizados no seu hábitat. A opala comum, por exemplo, em muitas localidades do mundo, apresentará uma fluorescência verde quando submetida a uma luz ultravioleta de fundo. Desse modo, com a ajuda da luz ultravioleta, você poderá esquadrinhar os leitos secos dos riachos de um deserto com grandes chances de ser bem-sucedido em seus esforços, a não ser, é claro, que confunda esses objetos animados verdes fluorescentes com opalas e tente pegá-los. Nesse caso, você terá um doloroso encontro com um dos nossos escorpiões nativos!

Além dos tipos de cristais de quartzo que já examinamos, existem dois outros que deveriam ser rapidamente mencionados aqui. São os cristais de quartzo "tridimita" e "cristobalita". Não, eles não são sintéticos. Ambos são cristais de quartzo transparente naturais, cuja aparência talvez já lhe seja familiar.

Ambas as formas de quartzo apresentam uma fluorescência vermelha. Sim, vermelha. Apenas isso já os torna relativamente singulares. Ambos são chamados de "formas de quartzo de alta temperatura". E todos os dois só são encontrados como pequenos cristais, em cavidades nas rochas ou em cristais localizados em alguns leitos de lava endurecidos. E também podem ser encontrados em riachos, depois de terem sido liberados de um antigo leito de lava.

Já mencionamos o cristal de quartzo delta que aparece misteriosamente quando os cristais de quartzo alfa são aquecidos a 573ºC. Essa forma de quartzo subsistirá até que o cristal seja aquecido a mais de 870ºC, quando então surgirá a forma tridimita do quartzo. Sua estrutura interior é bastante diferente da do quartzo delta. Depois de esfriar, sua estrutura interna estará de tal modo alterada que a forma do cristal resultante será extremamente mais poderosa, mesmo que se trate de um exemplar bastante pequeno.

O cristal de quartzo tridimita subsistirá até ser aquecido a 1.470ºC, e neste ponto temos o surgimento da cristobalita. Os cristais de quartzo cristobalita, como os cristais de quartzo tridimita, serão também mais ativos e dinâmicos. Foi esse tipo de cristal que o dr. Wilhelm Reich usou nas experiências em que criou formas de vida artificiais.

O dr. Reich tomou areia comum, aquecendo-a a 1.500°C. Ele manteve essa temperatura por um curto espaço de tempo, permitindo depois que o quartzo esfriasse. Este foi então colocado numa cultura contendo caldo de carne e cloreto de potássio. Ele também usou ovo e ágar como um outro tipo de cultura para estimular o desenvolvimento desse novo tipo de organismo vivo, que ele chamou de bíons "SAPA".

As moléculas de quartzo liberam todas as energias vitais nessa energia elevada, que por sua vez se acumula e coagula ao esfriar. São essas "vesículas de energia", como o dr. Reich as chamava, que adquirem vida espontaneamente, de uma maneira bastante semelhante às células cancerosas que adquirem vida naturalmente a partir de resíduos de matéria deteriorada.

Sou adepto da teoria de que essa nova forma de vida pode ser "programada" de um modo bastante semelhante àquele pelo qual programamos nossos cristais de quartzo transparente; e que algum dia nós as estaremos usando, depois de adequadamente programadas, para procurar e destruir vários patógenos e vetores de doenças no corpo humano ou talvez para neutralizar bactérias nocivas numa determinada quantidade de água, e talvez até mesmo para transmutar venenos e metais pesados tóxicos.

Retomando, porém, a linha principal de pensamento, os cristais de cristobalita permanecerão nesse estado até serem aquecidos a 1.710°C, quando então se transformarão em quartzo líquido.

Existem duas outras formas de cristal que merecem ser mencionadas neste ponto do nosso estudo. São os cristais de quartzo "coesita" e "stishovie". Ambos são criados sinteticamente em laboratórios nos quais podem ser mantidas pressões altíssimas. Os dois, apesar de muito pequenos e de existirem entre as temperaturas de 500°C a 800°C, só aparecerão quando for alcançada a pressão de 35.000 atmosferas. Esta é realmente uma pressão muito forte!

Também se pode exercer pressão sobre um cristal de quartzo de outras maneiras. A pressão mecânica pode ser aplicada sobre um cristal mediante o uso de uma prensa hidráulica. Nesse caso, para cada tonelada de pressão recebida o cristal gerará cerca de 10.000 volts. Com essa quantidade de corrente, haverá também uma certa quantidade de "deformação plástica" e uma certa quantidade de perda no conteúdo de água do cristal, ao lado de uma redução do seu peso específico.

> "A perda de água produz uma redução do índice de refração e do peso específico."
>
> – *Quartz*, M. O'Donoghue

Cada cristal tem três eixos mecânicos, que correm da base para o topo (consultar, atrás, a Figura B). É ao longo desses eixos que o cristal pode ser vergado e até mesmo torcido. Você já viu um cristal "torcido"? Eles existem. Podemos fazer coisas incríveis com o silício; isso pode ser percebido, em parte, nos novos cabos óticos que conduzem nossas chamadas telefônicas. Fazemos uso, neste caso, da sua flexibilidade bem como da sua propriedade piezoelétrica.

> "Os cristais de quartzo são piezoelétricos porque não têm um centro de simetria."
>
> – *Philips Technical Review*, Vol. 11

Começamos usando pedaços dissecados de quartzo transparente exatamente por causa desse fato – de eles possuírem essa estranha e maravilhosa propriedade piezoelétrica. Foram cortadas pequenas lascas dos cristais naturais em medidas regulares de modo a que se comportassem sempre da mesma maneira.

Quando engastados num pequeno dispositivo hermético, e quando uma pequena quantidade de corrente é enviada através da extremidade de um deles, eles se curvam ou oscilam, repetidamente, de acordo com uma medida específica, desde que a corrente emitida através deles seja a mesma.

> "Graças, mais uma vez, à sua extrema dureza, uma placa de quartzo pode ser processada com extrema precisão, de modo que não seja obtida apenas uma freqüência extremamente constante, mas que também possa ser predeterminada com uma tolerância que varia de 12,5 a 25 cm."
>
> – *Philips Technical Review*, Vol. 11, nº 5

Por mais estranho que isso possa parecer, eles farão o mesmo se submetidos a uma determinada pressão. Eles se curvarão repetidamente na mesma inclinação se a pressão permanecer constante. Os cristais de turmalina também são semelhantes ao quartzo nesse particular, e é por esse motivo que são utilizados em submarinos para medir e controlar com sucesso a profundidade na qual o navio mergulha nas ondas.

As turmalinas, quando aquecidas, também atraem as cinzas, pedaços de palha e de papel. Também já ouvi dizer que elas os repelem. Em determinadas circunstâncias e condições, elas são ao mesmo tempo paramagnéticas (atraem) e dimagnéticas (repelem). Eu gostaria de mencionar aqui o fato de que, embora um cristal de quartzo transparente normalmente não afete o ferro, ele afetará magneticamente o magnésio.

> "Uma variação do método de Kundt consiste em queimar uma faixa de magnésio sob uma campânula. Quando a campânula está cheia de fumaça, é colocada sobre o cristal a ser testado, que se encontra sobre uma placa de vidro. Em resposta ao campo eletrostático de um cristal piroelétrico, a magnésia se precipita em filamentos que delineiam as 'linhas de força' do campo."
>
> – *Elementary Crystalography*

O texto acima demonstra muitas coisas a respeito do cristal de quartzo transparente. Em primeiro lugar, que seu campo magnético é bastante semelhante ao de um ímã e, em segundo, que em determinadas circunstâncias (que incluiriam as situações nas quais é aquecido, energizado pela luz solar ou estimulado eletricamente) reagirá de acordo e aumentará seus poderes e habilidades intrínsecos. Esse texto (com o qual levei anos para deparar) deveria dar muito o que pensar aos futuros pesquisadores da energia.

Do ponto de vista tecnológico, o quartzo é o cristal piezoelétrico mais importante que ocorre naturalmente, bem como o mais fundamental para todos os aspectos do trabalho de cura e de meditação. Ele apresenta esse efeito piezoelétrico na direção do seu eixo "polar". Somente os cristais extremamente transparentes e "piezoeletricamente claros" foram sacrificados como cristais de oscilador pelo seu uso no controle das transmissões de rádio, na medição do tempo e da pressão, e na geração e também na recepção de ondas sonoras de freqüência excepcionalmente elevada (ondas ultrassônicas). Devemos muita coisa ao reino mineral, não é verdade?

Todos os reinos estiveram envolvidos na Primeira e na Segunda Grandes Guerras, quando as forças das trevas fizeram uma última tentativa desesperada para dominar as forças da luz. O reino mineral certamente não foi uma exceção, uma vez que inúmeros cristais foram usados durante a guerra, e megatoneladas de minerais foram destruídas para se transformarem em armamentos. Contudo, se esse grande sacrifício não tivesse sido realizado, o inconcebível teria ocorrido, e este planeta teria mergulhado num período de trevas que duraria muitas e muitas décadas.

A partir da grande demanda pelos perfeitos cristais de quartzo transparentes e "não-geminados", surgiram as formas sintéticas mais recentes de quartzo. Mesmo assim, ainda existem muitas firmas que extraem megatoneladas de cristais de quartzo transparente e os pulverizam para refundi-los em autoclaves e bombas hidrotérmicas. Elas então são capazes de produzir cristais de quartzo "perfeitos" sem nenhuma geminação interna que possa perturbar e interferir na transmissão e recepção das ondas do rádio.

Essas companhias de mineração se apoderam dos cristais mais transparentes e de melhor qualidade, deixando amiúde os cristais mutilados e enfermos para os colecionadores e para os que os usam para a cura e a meditação. Os inúmeros cristais enfermos, deformados e irregulares, encontrados em praticamente todas as lojas de pedras e minerais em todo o mundo, são bons exemplos de como a doença é de fato uma parte intrínseca do planeta e já estava presente antes mesmo do aparecimento do homem.

Quando enviamos a Luz do Cristo através de um cristal, suas dimensões, especialmente as da matriz etérica, se expandem. A ciência reconhece isso em parte quando declara: "... se uma voltagem é aplicada a um cristal, as dimensões dele se alteram ligeiramente" (extraído de *Crystals – Their Role in Nature Science*, de Charles Bunn). A particularidade de um cristal ser basicamente destro ou canhoto não sofre alteração; essa característica permanece inalterada.

E, durante a criação dos cristais delta (o que você pode fazer, se desejar), podem ocorrer nos cristais de uma só ponta tanto os padrões canhoto quanto o destro.

O dr. Reich observou, tanto com relação aos bíons SAPA que havia criado como em relação à areia aquecida, que uma tremenda quantidade de energia é gerada, uma quantidade tão grande, na verdade, que até mesmo quando uma pequena amostra era colocada sobre a pele deixava uma marca vermelha, como se ela tivesse sido exposta a uma fonte de radiação muito elevada. O dr. Reich estava sob forte pressão para explicar esse fato devido a estar lidando, é claro, com uma tremenda nova forma de energia até então jamais percebida e nunca efetivamente adotada pela ciência ortodoxa.

Podemos pegar quartzo delta triturado e, colocando-o em tubos de vidro "prateado", usar com grande proveito essa forma elevada de energia vital. O quartzo triturado, ou areia, pode ser suspenso numa massa de silício ou em silício líquido, e a energia usada para tratar áreas localizadas do corpo. Tenham muito cuidado, porém, porque isso poderá queimar a pele se esse uso for continuado. Vão com calma, meus amigos, e com segurança.

> "Fluorescência é a propriedade que algumas substâncias apresentam de emitir luz depois de terem sido submetidas a determinadas condições, como o calor, a fricção ou a exposição à radiação elétrica ou à luz ultravioleta. Pedaços de quartzo, quando friccionados uns contra os outros numa sala escura, emitem uma luz fluorescente."
>
> – *Rutley's Mineralogy*, H. H. Read

Tente esfregar dois pedaços de ágata um no outro numa sala escura ou, melhor ainda, numa caverna sob a terra e sem qualquer iluminação. Tente também friccionar seu cristal com um pedaço de lã durante vários minutos e depois observá-lo numa sala escura. Sua fluorescência será de uma cor, enquanto que a de outro cristal, exteriormente semelhante, poderá ser totalmente diferente. Isso se deve, repito, aos vários elementos e à quantidade de água contidos em cada cristal.

> "Se um cristal que está esfriando for pulverizado com uma mistura de enxofre e chumbo vermelho, que por sua vez tenha sido carregado após

> passar através de um crivo fino de algodão, o enxofre amarelo fica negativo por causa da fricção, o pó de chumbo vermelho fica positivo, e cada um é atraído por atração eletrostática para a extremidade adequada do cristal. Também é possível medir o potencial desenvolvido entre as duas extremidades do cristal por meio de instrumentos sensíveis de medição."
>
> – *Introductory to Mineralogy*,
> Carl W. Corren

Já em 1811 a ciência estava fazendo várias experiências com cristais numa tentativa de compreender o que eles eram e por que eram capazes de fazer tantas coisas maravilhosas. Muitas das várias formas de cristais de quartzo – delta, ômega e outras – não foram conhecidas durante décadas até que se começou a usar o gás kiln, quando então foram desenvolvidos métodos e processos para medir as temperaturas. Muito trabalho foi realizado com luz polarizada para tentar compreender a estrutura interna dos cristais. E foi assim que se descobriu que "a luz azul de alta freqüência gira duas vezes mais que a luz vermelha de baixa freqüência" e "que em alguns cristais de quartzo a rotação se faz numa direção, e em outros na direção oposta" (extraído de *Crystals*, de Charles Bunn).

Quanto mais elevada a energia que passa através de um cristal, mais ela se acelera quando o abandona; e isso ocorre numa proporção direta à espessura, à transparência e à ausência de inclusões dentro do cristal. A luz da claridade normal do dia se acelera além da sua velocidade normal, saindo a uma velocidade e intensidade maior. Por esse motivo, os cristais funcionam muito bem com a terapia cromática, na qual a luz passa através deles depois de ter sido modulada para uma cor específica. Essa propriedade dos cristais também é uma das razões pelas quais o diamante sempre brilha, mesmo no escuro, e por que as pedras preciosas e semipreciosas devem ser observadas à luz da manhã (digamos, antes das 10 horas) para que seja possível observar suas cores naturais numa luz ideal. Depois dessa hora, existe um excesso de luz e as cores naturais contidas na pedra não são tão visíveis.

> "Ainda se acreditava (no século XIV) que a pureza das jóias afastaria a peste."
>
> – *Jewels*, de P. J. Fisher

Fragmentos de cristal

Os cristais de quartzo ômega eram produzidos em grande escala nos tempos da Atlântida – e até mesmo antes disso, por visitantes de outros planetas. Foram formadas muitas colônias diferentes pelos alienígenas em épocas diversas. E cada um deles trouxe consigo a sua tecnologia – maneiras e métodos de gerar poder e energia. Não há dúvida de que a tecnologia mais avançada que tivemos durante a época da Atlântida resultou da partilha do conhecimento desses povos e dos que lá já habitavam nesse período.

Lobsang Rampa e muitos outros escritores da Nova Era fazem referência à presença de "cápsulas do tempo" ao redor do planeta, enterradas a várias centenas de metros abaixo das montanhas e de outros pontos de referência proeminentes. Supõe-se que exista uma debaixo da Grande Pirâmide de Quéops no Egito. Essas cápsulas contêm exemplares (na falta de uma palavra melhor) das máquinas e invenções que os atlantes usavam na vida cotidiana.

Na ocasião adequada serão encontrados, nessas cápsulas do tempo, exemplares dos cristais ômega que eles produziam. Vários destes foram produzidos há várias décadas, mas aparentemente muito pouco, ou virtualmente nada, é mencionado a esse respeito na literatura existente. Fiz referência a uma série de experiências que usaram esses cristais, no final da seção de perguntas e respostas deste livro.

O cristal de quartzo ômega não é nem "destro" nem "canhoto";

nem tampouco apresenta qualquer efeito de "geminação". Sua estrutura interna exibe um perfeito alinhamento de todos os átomos e moléculas. As moléculas não se encontram mais no padrão espiralado, tão típico do quartzo alfa, e sim em colunas que correm perfeitamente paralelas entre si de uma a outra extremidade. Uma vez que comecemos a produzir esses cristais, seremos capazes de acrescentar vários metais à sua estrutura interna; isso dependerá da finalidade à qual irão se destinar.

Os toscos cristais ômega recentemente produzidos na Polônia apresentaram muitas características estranhas e maravilhosas. Uma delas era seu efeito antigravidade quando excitados por uma corrente contínua que corria de uma extremidade à outra da pedra. Sua estrutura interna apresenta-se de maneira tal que eles são supercondutores e oferecem muito pouca ou nenhuma resistência às formas superiores e inferiores de energia emitidas através deles. É essa forma de cristal que é encontrada nas naves espaciais dos alienígenas, permitindo que eles viajem a velocidades tão espantosas.

Por enquanto, ainda tenho pouco a dizer sobre essa forma de quartzo. Tenho a esperança de apresentar uma quantidade bem maior de informações em futuros trabalhos, que permitirão maior entendimento, o que constitui condição prévia para sua produção e manufatura.

No restante deste capítulo, quero apresentar uma variedade de idéias e informações, algumas das quais obtive nas minhas viagens ao exterior, e outras que se originaram do espírito onde um "pensamento fundamental" é formado e depois expandido. São pensamentos e idéias novas e bem diferentes, alguns dos quais você certamente julgará bastante valiosos para o seu trabalho na vida.

Embora muito já se tenha dito sobre a aplicação da energia dos cristais à agricultura, ainda existe uma grande quantidade de informações e de conhecimentos que nem sequer mencionei, e talvez nem mesmo possa incluir na presente obra, mas que será, espero, incluída num trabalho futuro dedicado à ciência da agricultura.

Lembro-me de ter lido há muitos anos a respeito de algo denominado "o Umbral" de uma árvore. Na ocasião, não prestei muita atenção ao fato, mas recentemente o espírito o trouxe novamente à tona, por assim dizer, e eu tive a oportunidade, durante minha estada na Nova Zelândia, de conduzir uma série de experiências nas quais essa idéia foi desenvolvida – e onde alguns bons resultados ocorreram.

O Umbral de uma árvore assemelha-se bastante a uma das três zonas neutras que você e eu apresentamos no nosso corpo de vitalidade ou duplo etérico. É uma zona de neutralidade onde não existe nem carga positiva nem negativa. Toda árvore possui essa zona, e, na verdade, exibe não apenas uma, mas sim duas zonas de polaridade diferentes.

A segunda zona de polaridade de uma árvore é dividida, ainda, por uma outra zona neutra que permanece, para todo e qualquer propósito, ao nível do solo, enquanto que abaixo dessa zona a árvore é negativa ou receptora, e acima do nível do solo é positiva ou doadora. Pouco pode ser feito com essa segunda zona neutra, exceto colocar pedaços espiralados de um fio de cobre desencapado através dela, com uma das extremidades dentro das raízes da árvore (ou de qualquer tipo de planta) e a extremidade espiralada acima do solo.

A figura a seguir mostra, de uma maneira bastante relativa, a localização do Umbral de uma planta. Essa localização pode ser determinada através de uma infinidade de maneiras, e pode ou não ter relação com os lados norte e sul da árvore. Através do emprego de um pêndulo (radiestesia) ou de uma varinha rabdomântica ou, ainda, do teste muscular, é possível determinar com bastante êxito a localização dessa "porta" mística em todas as árvores.

Uma vez determinado esse local, pode-se prender aí um cristal de quartzo transparente, desde que, é claro, sua ponta esteja voltada para o topo da árvore. Nesse caso, deve-se apenas usar materiais não-condutores, como uma tira de couro ou um pedaço de barbante, não sendo aconselhável o uso de metais e de outros materiais condutores. O cristal deve ser amarrado firmemente no lugar e não deve ser coberto.

Ao aplicar a energia dos cristais, ou a energia das pirâmides, ou qualquer uma das forças vitais superiores em uma planta, é importante ter sempre em mente que é preciso fazer isso muito devagar, à semelhança de um "sistema de irrigação por gotas", no qual uma quantidade pequena de água é usada durante um longo período de tempo. A aplicação muito rápida de um excesso de energia à planta poderá matá-la. Afirmo isso com base na minha experiência, pois já matei

A ESTRUTURA DO QUARTZO ÔMEGA

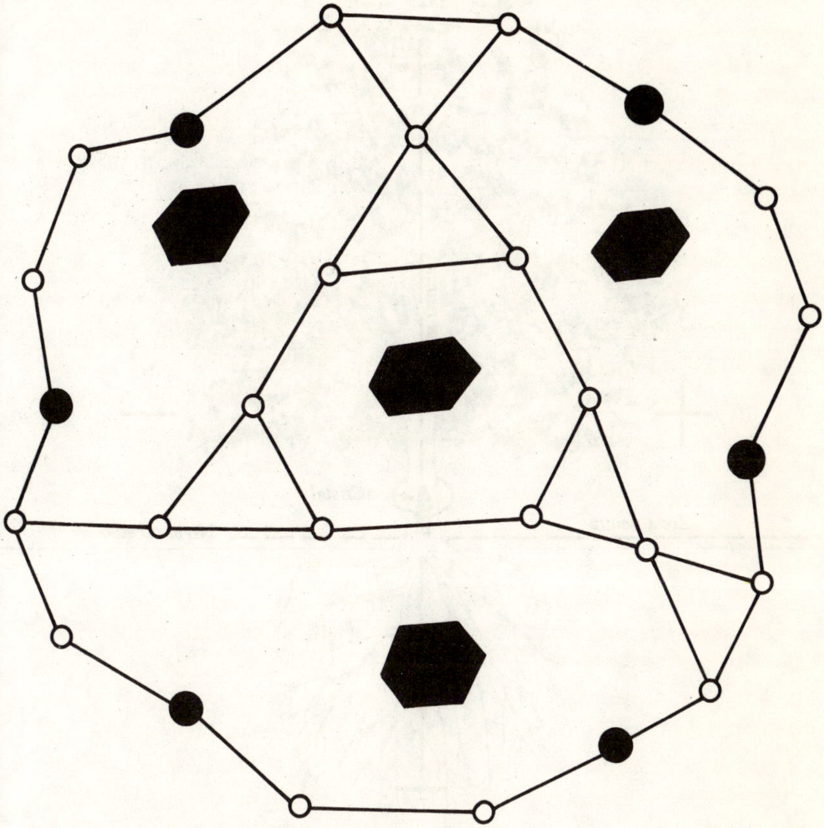

O desenho acima ilustra graficamente a estrutura interior radicalmente alterada do quartzo ômega. Muitos dos vínculos encontrados na formação do quartzo delta foram rompidos. Na verdade, a estrutura não apresenta mais o padrão destro ou canhoto de "parafuso" do quartzo alfa e delta, exibindo, ao contrário, um padrão aberto extremamente singular de um alinhamento de coluna praticamente perfeito.

A POLARIDADE DE UMA ÁRVORE

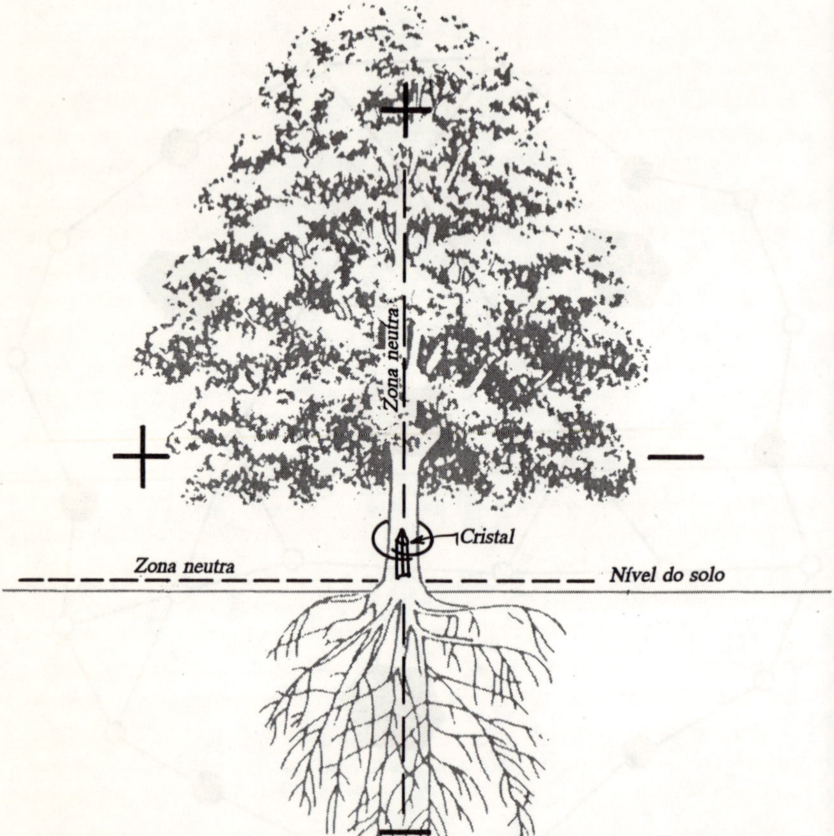

O desenho acima mostra as duas zonas de polaridade de uma árvore. Uma das zonas está dividida por uma zona neutra no nível do solo, com o lado positivo acima do solo e o negativo abaixo dele. A segunda zona está dividida por uma segunda zona neutra, denominada Umbral, com um lado positivo e o outro negativo. As zonas neutras atravessam completamente a planta e podem se deslocar de tempos em tempos. Prendendo um único cristal alfa ou delta de uma só ponta ao Umbral com a ponta voltada para cima, obteremos excelentes resultados. Um circuito oscilante aberto também pode ser preso ao redor do cristal, o que aumentará tremendamente a energia deste.

muitas plantas e sementes durante minhas experiências iniciais. Vá com calma. Use apenas um cristal de quartzo transparente, para começar, e certifique-se de que ele está apontando para cima quando o prender à árvore. E, se você resolver usar três cristais de uma ponta numa formação triangular ao redor de uma árvore, verifique seus limites de tempo, e não os deixe no lugar por um período de tempo excessivamente longo – especialmente de um dia para o outro.

Depois de amarrar à árvore um cristal de uma só ponta, você poderá prender a ele um circuito oscilante aberto para aumentar sua energia, talvez em cerca de dez vezes, e o COA (Circuito Oscilante Aberto) trabalhará bem, sozinho, mesmo que o cristal não seja usado. Já usei os dois isoladamente e em conjunto, e obtive ótimos resultados em ambas as situações. Diversas formas de câncer e outras doenças foram curadas com seu uso, e a produção de frutas, nozes, folhas, etc., das plantas aumentará incrivelmente, podendo ser triplicada. O COA deve ser pendurado por um material não-condutor, e não deve tocar o cristal. Poderíamos aumentar enormemente a produção de frutas e nozes usando esse simples arranjo. Na verdade, tornaríamos nossas árvores tão fortes e saudáveis que jamais precisaríamos utilizar qualquer inseticida. Acho que não preciso dizer que esse tipo de energia repele os insetos!

Os insetos simplesmente não podem existir dentro dos campos de energia que os cristais e as pirâmides, inclusive os ímãs, produzem. As "Torres de Força" e "O Canal Cósmico" são apenas dois dispositivos atualmente disponíveis nos Estados Unidos que utilizam esse princípio de funcionamento. O Canal Cósmico assemelha-se bastante a um dispositivo de radiodifusão radiônico o qual, usando um único cristal de quartzo transparente de uma só ponta, é capaz de enviar um fluxo constante de força vital para qualquer pedaço de solo, a fim de aumentar enormemente o ritmo de crescimento e a qualidade de, virtualmente, qualquer coisa que possa se desenvolver ali.

É possível fabricar um simples dispositivo radiônico que funcionará de maneira bastante semelhante a esses mecanismos, e que pode ser preparado para repelir um determinado tipo de inseto; ou que estimulará e fortalecerá outras plantas ou animais específicos.

Um pedaço redondo de uma placa de cobre é preso com clipe a

uma fonte de corrente contínua de baixa voltagem. Coloca-se uma fotografia do que deverá ser afetado sobre a placa junto com um cristal de quartzo transparente de uma só ponta. Esse arranjo provocará o crescimento e o bem-estar do que estiver na fotografia, seja um amigo, um animal, um trecho de solo ou outra coisa qualquer.

Podem ser colocados sobre a placa diferentes cristais e pedras preciosas e semipreciosas, em vez do cristal. No lugar de uma fotografia, você poderá usar uma mecha de cabelo, pedaços de unha ou uma gota de sangue sobre um pedaço de papel. As pedras usadas são excitadas eletricamente, afetando favoravelmente a pessoa ou o objeto que estiver recebendo o tratamento.

Para repelir um determinado inseto de um jardim, coloca-se uma amostra do inseticida ou veneno que mata ou repele esse inseto sobre a placa de cobre junto com uma fotografia do jardim ou da fazenda afetada. O cristal de quartzo transparente também deve ser usado nesse caso. O dispositivo transmite a freqüência do veneno num nível e magnitude baixos sobre a área desejada, e no final praticamente nenhum mal é causado ao inseto. Apolônio de Tiro usou esse mesmo princípio básico de funcionamento no século III a.C., tendo feito esculturas de bronze à imagem e semelhança de diferentes insetos, que foram colocadas em locais importantes onde muitas pessoas poderiam vê-las e concentrar energia sobre elas. No final, o problema dos insetos foi praticamente erradicado dessa região.

Podem ser criados outros dispositivos semelhantes, prendendo cristais e pedras preciosas e semipreciosas a ventiladores ou discos giratórios. Ao serem giradas, as pedras são excitadas e geram energia de alta freqüência. Colocando uma fotografia ou amostra de cabelo, etc., em frente das pedras que estão girando, é possível tratar com êxito uma pessoa a uma grande distância por meio da radiônica. Eu gostaria de sugerir aqui que a pessoa tratada dessa maneira deverá ser informada do que está acontecendo e do que você está tentando conseguir.

Do pouco que se dispõe quanto à aplicação dessa forma de energia à agricultura, pode ser comprovado que tais procedimentos permitem conseguir-se aumento de até 20% no ritmo de crescimento das plantas e dos animais. Esse aumento poderá alcançar 300%, se as condições forem ideais; especialmente se a pessoa tiver um ambiente controlado (estufa, cercado de arame ou celeiro) onde possam existir as condições ideais e muitos fatores possam ser controlados ao mesmo tempo.

Outras aplicações dessa "nova" forma de energia incluem o controle total das condições atmosféricas em qualquer área considerada; podemos vê-la em ação no "Cloudbuster"* do dr. Reich. Temos ainda a proteção às frutas e aos vegetais contra a geada e o frio intenso. Isso é conseguido com o "Protetor contra Geada", de De Land, que faz com que as frutas nas árvores permaneçam ilesas mesmo quando a temperatura cai abaixo de 0ºC. As aplicações futuras incluirão o controle completo do período de florescimento da planta, da qualidade e da quantidade da produção, assim como o controle de furacões e ciclones. Tudo isso já é possível. É preciso agora que consigamos convencer as outras pessoas. Os milagres não passam de ocorrências pouco compreendidas na Natureza.

> "Os romanos usavam bolas de cristal para esfriar a testa, e anéis feitos de cristal de rocha para esfriar as mãos; pelo menos esse era o costume durante o Baixo Império."
>
> – *A Roman Book on Precious Stones*,
> S. H. Ball

Estou certo de que grande parte do que escrevi será questionado por muitas pessoas. Esse fato é, sem dúvida, muito bom, já que grande parte da literatura atual a respeito do estudo das propriedades terapêuticas dos cristais e das pedras preciosas é falsa e ilusória. É difícil determinar adequadamente o que é e o que não é correto, especialmente se se ficar preso na fixação na qual predominam o engano de si mesmo, a ilusão e as mentiras. Existe ainda a enorme quantidade de contos de fada tão em voga nos dias de hoje, e é preciso que não nos deixemos enganar por eles. Essas noções incluem a ilusão das "Chamas Gêmeas" ou dos "Complementos Divinos", uma "evacuação planetária" realizada por "Irmãos do Espaço" e a teoria de que o

---

* Literalmente, o "desanuviador" ou "destruidor de nuvens".

nosso eu da alma, ou Eu superior, tem mais de uma personalidade encarnada numa mesma ocasião. E essas são apenas algumas dentre muitas idéias absurdas.

> "No que diz respeito ao que está escrito sobre as virtudes medicinais do lyncurium (citrino?), considero-as lendas. Entre essas lendas está a idéia de que, se for administrado na bebida, ele faz evacuar pedras da vesícula; se ingerido com vinho, cura rapidamente a icterícia, o que acontecerá até mesmo se a pessoa o carregar consigo. Mas basta desses sonhos fantásticos."
>
> – Plínio, o Velho, 77 d.C.

Já fui posto em ridículo por médicos deste século, e posso bem imaginar os sentimentos de grande pesar e tristeza que a citação acima deve ter provocado nos curadores daquela época. Quando irá o homem aprender que existem mais coisas no céu e na terra do que aquelas que podemos ver?

> "Quero primeiro provocar os mágicos, para refutar suas detestáveis mentiras e anormais futilidades, porque nunca se excederam tanto como nas descrições das gemas e das pedras preciosas. Essas declarações excedem as afirmações dos médicos e até mesmo os limites da medicina. E, como remédios bons e eficazes, eles nos contam uma história das grandes virtudes medicinais e de excelência das pedras preciosas, ambas, incríveis. Ao apresentar esses conceitos e futilidades, os mágicos demonstram não só o desprezo que têm pela humanidade, como também o seu hábito de zombar do mundo."
>
> – Plínio, o Velho

Talvez apenas o tempo demonstre que estamos certos na nossa afirmação de que existe algo incrível e maravilhoso nos cristais, algo que o olho interior desperto é capaz de sentir e conhecer. Pretendo com o que ofereço, além de divertir e agradar, poder ser útil no espinhoso caminho do leitor para a iluminação. Eu sei, sem a menor sombra de dúvida, que o uso dos cristais tornará você mais sensível às impressões da sua alma e às necessidades das outras pessoas. Com o emprego do discernimento, e não da aceitação indiscriminada, com certeza os fios dourados da verdade poderão ser vistos e puxados da adorável tapeçaria que eu teço diante dos seus olhos.

> "Da montanha que produz o jade flui um líquido que em 10.000 anos se congela em cristal."
>
> – Ko Hung, século V d.C.

Quero encerrar este capítulo oferecendo uma técnica de cura extremamente importante que demonstrará ser de grande valor para aqueles que estão tendo problemas em se comunicar com as outras pessoas. Isso poderá estar ocorrendo entre mãe e filhos, com entes queridos, com o patrão, etc. E o que é interessante a respeito dessa técnica é que a outra pessoa não precisa saber que é esse o objetivo desse, digamos, ritual.

O objetivo desse exercício é criar maior harmonia entre duas pessoas. Cada pessoa deverá ter seus próprios cristais, mas não é preciso que sejam cristais de propriedade da pessoa há muito tempo. Pode-se emprestar um conjunto de três cristais para uma outra pessoa, desde que ela coloque neles a sua vibração, energia, etc. Cada pessoa deverá usar três cristais de quartzo transparente, todos de uma só ponta. Preciso lembrar novamente o porquê de os cristais de dupla ponta não serem adequados para atuar de acordo com padrões definidos, especialmente se simplesmente apontarem para o corpo da pessoa?

Os cristais, como nas outras configurações triangulares, deverão ter mais ou menos o mesmo tamanho e força. Procure emparelhá-los do melhor modo possível. Eles são dispostos paralelamente uns aos outros e a igual distância. Os cristais não precisam apontar todos para o Norte ou para o Sul, uma vez que um padrão poderá ser mais adequado do que outro para cada pessoa.

As duas pessoas devem sentar-se dentro dos respectivos padrões, frente a frente ou de costas; isso é importante, para que seus chakras fiquem alinhados e possam sincronizar-se. É preciso que ambas se

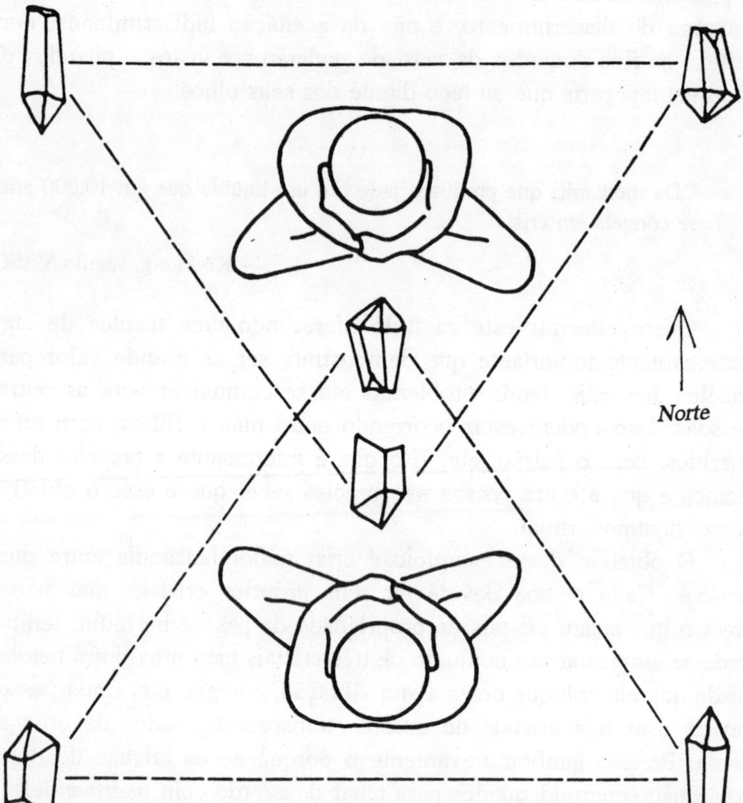

Esse desenho mostra a integração de duas pessoas através do uso de dois conjuntos de cristais. Cada conjunto é composto de três cristais de quartzo transparente de uma só ponta. Estes devem ser, idealmente, do mesmo tamanho e ter a mesma força. Cada uma das duas pessoas usa os próprios cristais, neste caso, e podem escolher uma dentre duas disposições diferentes. Esse desenho mostra duas disposições diversas, configurações triangulares, sobrepondo-se uma à outra. Numa delas, os três cristais apontam para o Norte; na outra, para o Sul. A outra disposição seria aquela na qual todos os cristais apontariam na mesma direção. Os cristais não se tocam, nem tampouco as pessoas que estão dentro do seu raio de ação. Dois cristais, um de cada conjunto, estarão se sobrepondo. As duas pessoas não precisam necessariamente estar de frente uma para a outra para realizar a integração de suas forças e energias. É preciso que seja respeitado o limite de tempo de vinte a trinta minutos para essa prática.

atenham ao tempo limite de vinte a trinta minutos para cada tratamento.

Existe durante esse período uma troca de forças e energias – uma transferência, se você preferir – que permite que cada pessoa consiga entender melhor a outra. Com isso, consegue-se o alinhamento e a integração dos chakras, o que resulta num equilíbrio de forças. Você poderá perceber, então, como essa técnica é inestimável no tratamento de pessoas doentes, sem um diagnóstico específico, ou quando existe dúvida a respeito de quais chakras devem ser energizados e quais devem ser debilitados. Resulta dessa combinação uma harmonia mútua e uma verdadeira síntese, quando antes talvez não houvesse nenhuma. Quantas vezes você ouviu pessoas que deveriam compreendê-lo saírem-se com a seguinte frase: ''Simplesmente, não consigo compreender você!'' Experimente por si mesmo e fique atento às diferentes variações possíveis. Essa técnica também pode ser fantástica para solucionar os problemas relacionados com a vida sexual. Acho que não preciso dizer mais nada.

> ''Entre os anos 3000 e 2000 a.C., os babilônios acreditavam que as pedras eram vivas e, na verdade, chamavam o que era provavelmente uma concreção, de 'a pedra grávida'. Tales (636-546 a.C.) dotou as pedras de uma alma e de uma personalidade viva. Pitágoras acreditava que as pedras tinham alma, e Platão (428-347 a.C.) afirmava que as pedras preciosas tinham vida. A idéia de que as pedras tinham alma era comum na Idade Média. Hieronymus Cardumus (*De Subtilitate*, 1540 d.C.), por exemplo, declara que as pedras preciosas vivem, têm doenças, envelhecem e, finalmente, morrem.''
>
> – *The Roman Book on Precious Stones*

Lithica

Os deuses imortais te verão com deleite,
Se segurares a ágata com ramificações brilhantes,
Com nervuras, como muitas árvores que erguem a fronde
em algum lindo jardim
Com densos galhos espalhados;
Como a árvore-ágata, assim conhecida dos mortais;
Em parte madeira ramificada, em parte pedra,
Se nos chifres dos teus bois essa gema ficar presa,
Quando com sua haste penetrante revolvem o chão,
Ou no ombro cansado do lavrador for carregada,
Então os sulcos brotarão com o milho que se multiplica;
Ceres de busto cheio, com a coroa de trigo,
Se inclinará do céu e semeará a colheita.

– Onomacritus, 516 a.C.

As várias formas de quartzo e seus efeitos

Tipo de cristal ou quartzo	Efeitos
Transparente	Esse tipo de cristal é universal quanto a seus poderes e habilidades. É o mais versátil de todos os cristais. Pode produzir a cura em todos os quatro níveis. Repele a negatividade e pode ser programado de muitas maneiras para fazer muitas coisas. Pode ser usado para transmutar formas negativas e nocivas de radiação.
Ametista	Esse cristal lida com a transmutação dos problemas emocionais. Traz de volta à vida o equilíbrio emocional e um senso de ordem. Também afeta e estimula o terceiro olho.
Enfumaçado	Esse cristal pode afetar todos os níveis, sendo especialmente adequado para acalmar a agitação mental. Também é bom para absorver a negatividade e a energia nociva.

Cristais amarelos ou Madeira	Eles afetam basicamente o corpo mental. Acalmam a agitação mental e podem também afetar a intuição. Afetam favoravelmente o tubo digestivo.
Rosa	Afetam o físico, especialmente os rins. Os cristais rosa são realmente muito raros. Afetam também o chakra da laringe.
Cristais com rutilo	Afetam o corpo etérico e o astral. Poderão aumentar a potência do cristal individual. O rutilo é um mineral.
Cristais de dupla ponta	Esses cristais aumenta e equilibram a circulação do tipo de energia irradiado por cada tipo de cristal. São adequados exclusivamente para a meditação.
Opala	Abre o terceiro olho. Uma das formas mais elevadas de quartzo.
Ágata de fogo	Também abre e estimula o terceiro olho. Estimula a intuição.
Ágata	Geralmente ajuda o corpo físico. Pode equilibrar os chakras quando estes estão hiperativos. Absorve a radiação, ligando-a à terra.
Jaspe	À semelhança da ágata, afeta basicamente o corpo físico. Fortalece a ação do fígado, vitaliza o corpo.
Heliotrópio ou Jaspe sangüíneo	Usado na África para parar o sangramento quando colocado sobre o ferimento.

A CURA PELOS CRISTAIS

Katrina Raphaell

Hoje em dia, os cristais são usados em todas as partes do mundo para as mais diversas finalidades. Até o ano de 1980, porém, havia poucas informações com relação aos aspectos terapêuticos e esotéricos dos cristais e sobre o seu uso nas antigas civilizações. Atualmente, a força, o potencial e o uso dos cristais estão ao alcance de milhares de pessoas que instintivamente estão sendo orientadas a utilizá-los para seu desenvolvimento pessoal e para práticas de cura.

Katrina Raphaell, autora de *As Propriedades Curativas dos Cristais e das Pedras Preciosas*, já publicado pela Editora Pensamento, aprimora ainda mais neste seu novo livro as aplicações práticas dos cristais no campo da terapia, apresentando métodos inovadores, antes não disponíveis, para descobrir e remover desequilíbrios internos. A riqueza de informações contidas neste volume, derivada da experiência pessoal da autora, é bem prática e é um convite ao leitor para que aumente seus conhecimentos acerca dos processos que encobrem nossas doenças e mascaram nossos problemas de saúde.

A Cura pelos Cristais fornece tanto ao leigo como ao profissional da área de saúde informações adequadas, incorporando o poder de cura dos cristais e das pedras preciosas à sua vida pessoal. Essas técnicas permitirão que o leitor, conscientemente, entre em contato com a energia que, inegavelmente, está contida nas formas geométricas dos cristais.

Escritora e conferencista, Katrina Raphaell trabalha há mais de 16 anos em técnicas de cura hoje colocadas em evidência, e põe ao alcance do leitor sua experiência, fornecendo-lhe instruções pormenorizadas de como se valer do poder oculto dos cristais com vistas a seu aprimoramento físico e espiritual.

EDITORA PENSAMENTO

AS PROPRIEDADES CURATIVAS DOS CRISTAIS E DAS PEDRAS PRECIOSAS

Katrina Raphaell

Manual de fácil compreensão sobre o uso de cristais e pedras preciosas para o crescimento interior, a cura e o equilíbrio na vida cotidiana, este livro de Katrina Raphaell ensina como ampliar a percepção pessoal e como centralizá-la, harmonizando-a com as energias das pedras preciosas. A magnitude e o potencial dos cristais e das pedras preciosas, e o impacto positivo que podem causar em nossa vida pessoal e na evolução do planeta em que vivemos são significativos.

Eis alguns dos tópicos analisados neste livro:

- O que são os cristais do ponto de vista físico e esotérico
- O uso dos cristais na autocura
- A proteção psíquica proporcionada pelos cristais
- A antiga arte de dispor as pedras preciosas
- As mais importantes pedras curativas e seus usos
- Meditações inspiradas pelos cristais
- As pedras da Nova Era

As propriedades curativas dos cristais e das pedras preciosas é um livro destinado a todos os que se interessam pelo conhecimento básico necessário para usar as propriedades curativas inerentes ao reino mineral, no intuito de melhorar a qualidade de nossa vida interior e exterior.

EDITORA PENSAMENTO

TRANSMISSÕES CRISTALINAS
Uma Síntese de Luz

KATRINA RAPHAELL

Este volume, o terceiro da Trilogia dos Cristais, revela toda uma nova dimensão da consciência, complementando o conhecimento sobre os cristais. São dadas importantes e úteis informações advindas da experiência direta da autora: essas informações nos ensinam a nos alinharmos com a nossa própria força luminosa cristalina interior. Katrina faz a introdução do sistema de Doze Chacras, por meio do qual o corpo de luz pode vir a ser plenamente integrado ao corpo físico, tornando as transmissões cristalinas uma realidade viva do dia-a-dia.

As Principais Pedras Energizantes e os seis últimos Cristais Mestres são discutidos em profundidade, fornecendo-nos instrumentos adicionais para o fortalecimento espiritual no plano físico.

Com um conteúdo inovador, *Transmissões cristalinas* inclui:

- estruturas cranianas avançadas
- a sintonização com a essência cristalina
- o esquema de assentamento do corpo de luz
- a desmaterialização em ação
- esquemas específicos para a cura de portadores da AIDS
- a ativação dos Guardiães da Terra
- meditações cristalinas tântricas para uso de casais
- cristais e pedras preciosas para uma nova estirpe de seres que estão nascendo no planeta neste momento

Sete fotografias e duas impressionantes ilustrações contribuem para a compreensão e assimilação dessas revolucionárias e inovadoras informações.

Katrina Raphaell, autora de *As propriedades curativas dos cristais e das pedras preciosas* e de *A cura pelos cristais*, revela neste livro extraordinário conceitos antes ocultos que demonstram de que maneira esses novos cristais e pedras preciosas podem servir à manifestação do nosso potencial no limiar da Nova Era.

EDITORA PENSAMENTO

O SEGREDO DOS CRISTAIS

Um Guia Prático

Brett Bravo

A humanidade sempre sentiu certa paixão e fascínio pelos cristais e pelas pedras preciosas. A prática da cura pelos cristais e pedras preciosas é encontrada na história de cada cultura em qualquer época. Alguns dos mais antigos escritos disponíveis são encontrados no Velho Testamento.

O Segredo dos Cristais é um livro que trata do relacionamento dos cristais com os planetas e sua transmissão de raios cósmicos para a mente e para o corpo. A autora estudou o assunto e estabeleceu um padrão que vem possibilitando a compreensão e a comprovação de que impulsos provenientes de planetas e de outros corpos cósmicos são transmitidos através dos cristais, de forma a afetar os aspectos emocionais, mentais e físicos de todos os seres humanos.

Este livro, por ser um guia prático, contém uma orientação segura e convida você a experimentar o valor e o poder de cura dos cristais, através de exercícios de meditação e visualização.

EDITORA PENSAMENTO

O LIVRO DAS PEDRAS SAGRADAS – Toda a Verdade Sobre os Cristais

Barbara G. Walker

Neste livro, Barbara G. Walker mostra a sua profunda admira-ção e conhecimento pela beleza e mistério dos cristais e revela o que os cristais podem *verdadeiramente* fazer, o que *não* podem fazer e o que significaram para diferentes culturas ao longo dos séculos.

O Livro das Pedras Sagradas apresenta uma análise detalhada das vibrações dos cristais e seus poderes de cura. Com humor e sabedoria, sua autora esclarece muitas dúvidas e enumera fatos curiosos tradicionalmente atribuídos aos cristais.

Com um guia ilustrado das pedras de A a Z que inclui todos os minerais usados em estudos esotéricos, Barbara G. Walker apresenta a verdadeira história, mitologia e propriedades de cada pedra.

Este é um livro de consulta muito importante para todos os que se interessam pela verdade que envolve esse assunto fascinante que são as pedras sagradas.

* * *

Barbara G. Walker é membro da Morris Museum Mineralogical Society e do Trailside Mineral Club da New Jersey Earth Science Association.

EDITORA CULTRIX

O PODER DE CURA DAS PEDRAS PRECIOSAS

Harish Johari

Nesta obra estimulante e primorosamente ilustrada, Harish Johari combina seu talento de conhecedor da doutrina tântrica com sua habilidade de pintor. Com base nas antigas ciências hindus do Tantra, da medicina ayurvédica e da astrologia, valendo-se de seu grande conhecimento no campo da gemologia, Johari desenvolveu métodos práticos para o uso do poder armazenado nas pedras preciosas com o objetivo de maximizar tanto o equilíbrio como a saúde física e psicológica das pessoas.

As origens da cura através das pedras preciosas remontam às mais antigas escrituras sânscritas, nas quais elas são valorizadas pela sua capacidade de absorver e de transmitir a força vital. A medicina ayurvédica relacionava essa energia com os planetas, que possuíam a sua cor ou raio de luz específico e sua pedra preciosa correspondente. Os astrólogos hindus, por sua vez, usavam as pedras preciosas para compensar os efeitos maléficos dos aspectos planetários negativos e para realçar a influência dos aspectos favoráveis.

Do ponto de vista prático, o livro de Harish Johari apresenta fórmulas especiais para cada pedra, instruções para a confecção de talismãs e rituais específicos para alcançar determinados fins. São fornecidas ainda as correspondências exatas entre os planetas e suas respectivas pedras, além de informações sobre qualidades, defeitos, métodos de identificação, classificação e localização das minas em geral. São também incluídos quadros para a determinação das pedras mais adequadas a cada pessoa, de acordo com o signo astrológico e o ascendente.

O poder de cura das pedras preciosas fornecerá ao leitor, ao mesmo tempo, uma visão tradicional da sua aplicação e um guia prático para o conhecimento de sua natureza química e sutil.

EDITORA PENSAMENTO

A MAGIA DAS PEDRAS PRECIOSAS

Mellie Uyldert

Através da História, as pedras preciosas têm sido usadas, não apenas por sua beleza ou raridade, mas também por seus poderes secretos. Durante séculos, elas foram usadas como auxiliares indispensáveis para o aprimoramento da vida espiritual, assim como para aumentar a percepção psíquisa, para inspirar amor e como poderosos agentes de cura.

Dentro desses temas gerais, são estudadas neste livro a consonância das pedras preciosas com os signos do Zodíaco; a preparação de amuletos e talismãs; a estreita conexão existente entre as pedras preciosas e as várias partes do corpo humano, assim como a analogia subjacente entre as pedras preciosas e as diversas facetas da alma humana.

Moderno *lapidarium* que revela, pedra por pedra, os poderes ocultos desses "*olhos da matéria fixos em nós*", este livro de Mellie Uyldert traz, ainda, inúmeras histórias e lendas, nas quais as pedras preciosas representaram o papel principal.

EDITORA PENSAMENTO

15,00
a5m

Outras obras de interesse:

A CURA PELOS CRISTAIS
Katrina Raphaell

AS PROPRIEDADES CURATIVAS DOS CRISTAIS E DAS PEDRAS PRECIOSAS
Katrina Raphaell

TRANSMISSÕES CRISTALINAS
Katrina Raphaell

O SEGREDO DOS CRISTAIS – Um Guia Prático
Brett Bravo

A TRANSFORMAÇÃO PESSOAL ATRAVÉS DOS CRISTAIS
Jonathan Pawlik e *Pamela Chase*

O PODER DE CURA DAS PEDRAS PRECIOSAS
Harish Johari

AS PEDRAS PRECIOSAS E OS SETE RAIOS
C. Nelson Stewart

A MAGIA DAS PEDRAS PRECIOSAS
Mellie Uyldert

A AURA PESSOAL
Dora van Gelder Kunz

AS CORES DA TUA AURA
Lea Sanders

MANUAL DA AURA
Laneta Gregory e *Geoffrey Treissman*

A AURA HUMANA
Walter J. Kilner

AURAS HUMANAS
Colette Tiret

O MISTÉRIO DA AURA HUMANA
Ursula Roberts

MEDITAÇÃO – A ARTE DO ÊXTASE
Osho

MEDITAÇÃO NA AÇÃO
Chögyam Trungpa

MEDITAÇÃO – Uma Maneira de Viver
Vimala Thakar

A ENERGIA ESPIRITUAL E SEU PODER DE CURA
Dudley Blades